Über dieses Buch

Ist Franz Josef Strauß — Abgeordneter zum Deutschen Bundestag, Vorsitzender der CSU, Bundesminister a. D., ein Sicherheitsrisiko für unsere Demokratie? Dieses ›Schwarzbuch‹ belegt noch einmal in konzentrierter Form die Serie von politischen Skandalen und Affären, die F. J. Strauß ausgelöst, in die er verwickelt war. Besonders die Jungwähler, die zur Zeit der großen Strauß-Skandale — ›HS 30‹, ›Starfighter‹, ›Onkel Aloys‹, ›FIBAG‹, ›Spiegel-Affäre‹ — vielleicht noch nicht intensiver politischer Information zugänglich waren, werden sich nach der Lektüre dieses Buches fragen: Wieso ist ein Mann, der das Parlament belogen, der Grundrechte mißachtet hat, der mit dem Ruch der Korruption behaftet ist und unter dem Vorwurf steht, öffentliche Gelder verschleudert zu haben, wieso ist ein solcher Mann, der Amtsanmaßung betrieb und Druck auf die Justiz ausübte, der mit rechtsradikalen Kreisen Verbindung pflegt, in der deutschen Politik noch immer eine bestimmende Figur?

Und: Wer garantiert, daß F. J. Strauß, der aus all diesen Affären ungebrochen hervorgegangen ist, nicht weiterhin dem Ansehen unserer Demokratie Schaden (und noch mehr) zufügen wird, wenn er erst einmal wieder ein Amt hat? Das ›Schwarzbuch‹ und die angefügte Dokumentation bringen den Nachweis, daß Strauß seine Politik in demselben Geiste weitergeführt hat und weiterführen wird, der ihn seit nun mehr als zehn Jahren zu einer der größten Belastungen für unsere junge Demokratie gemacht hat.

Die Herausgeber

Wolfgang Roth ist Bundesvorsitzender der Jungsozialisten in der SPD.

Ingrid Matthäus ist Bundesvorsitzende der Deutschen Jungdemokraten (FDP).

Dieter Lasse ist Bundesvorsitzender der Sozialistischen Jugend Deutschlands -Die Falken-.

Walter Haas ist Bundesjugendsekretär des DGB.

Schwarzbuch: Franz Josef Strauß

Herausgegeben von
Wolfgang Roth
Ingrid Matthäus
Dieter Lasse
Walter Haas

Unter Mitarbeit von
Bernt Engelmann

Kiepenheuer & Witsch

pocket 42

Umschlagfoto Sven Simon
Umschlag Hannes Jähn Köln
Printed in The Netherlands
ISBN 3 462 00905 2

Inhalt

Aufruf

Dies ist ein Appell an die Vernunft, von Bürgern der Bundesrepublik, die ihren Verfassungsauftrag ernst nehmen und aus Verantwortung für die junge Generation Anklage erheben gegen den CDU/CSU-Politiker Dr. h. c. Franz Josef Strauß.

»Dieses Land ist nicht in Ordnung« – mit diesem Satz betrat der Führer der CDU/CSU-Opposition, aus Portugal kommend, am 13. August 1972 den Boden der Bundesrepublik.
Damit meint Herr Dr. Barzel nicht etwa sein faschistisches Urlaubsland, sondern die Bundesrepublik Deutschland. Und so mag die Urlaubsbräune Portugals bei Herrn Dr. Barzel auch durchaus einen Symbolgehalt haben. Denn ohne Zweifel ist die ›Ordnung‹ Portugals unter einem faschistischen Regime dem Strauß/Barzel-Flügel der CDU/CSU sympathischer als die Bundesrepublik unter der Regierung Brandt/Scheel.

Nach dem politischen Selbstverständnis der Herren Strauß und Barzel ist die Bundesrepublik nicht mehr »in Ordnung«, seitdem

– an der Spitze dieses Staates ein Bundespräsident steht, der gegen die Machtergreifung der Nazis und gegen das faschistische Terrorregime aktiv gekämpft hat;
– ein Mann Bundeskanzler ist, der seine politischen Erfahrungen im Widerstand gegen das Hitlerregime sam-

melte und der für seine Versöhnungs- und Friedenspolitik den Friedensnobelpreis erhielt;

- diese Regierung, gestützt auf SPD und FDP, den Fortschritt durch soziale Reformen im Inneren und die militärische Entspannung durch Versöhnung und Vernunft nach außen sucht;
- die Völker der Welt in West und Ost zum ersten Mal seit Ende des Zweiten Weltkrieges beruhigt und ohne Furcht auf diese Bundesrepublik blicken.

Seit die Mehrheit der Bevölkerung der Bundesrepublik bei der Bundestagswahl 1969 die CDU/CSU auf die Bänke der Opposition verwies, verwechseln diese Rechtsparteien Opposition mit Obstruktion, Hetze und Verleumdung.

An der Spitze dieser antidemokratischen Bewegung steht ein Mann, der in seinem Widerstand gegen gesellschaftlichen Fortschritt sich bedenkenlos aller Methoden bedient und dementsprechend Verbündete sucht und findet.

Dieser Dr. Franz Josef Strauß hat keinen Anlaß gescheut, seine Feindschaft zur sozialliberalen Koalition öffentlich auszudrücken. Dabei war es ihm völlig gleichgültig,

- ob er – wie im Falle der Ostpolitik – mit nationalistischen und faschistischen Kräften sich verbündete;
- ob er – wie in Finanz- und Wirtschaftsfragen – hemmungslos gegen die Regierung polemisierte und dabei mit der Angst der Bürger spielte, die in den letzten fünfzig Jahren schon zweimal in die Katastrophen von Inflationen gestoßen wurden – allerdings von politischen Kräften, die Herrn Dr. Barzel und seinen Freunden von der CDU/CSU verwandter sind, als Demokraten wie Willy Brandt und Walter Scheel;
- ob er – wie publizistisch in dem von ihm herausgegebenen reaktionären *Bayernkurier* – im gleichen Schritt und Tritt mit neonazistischen Blättern ständig das Ansehen der Bundesrepublik im Ausland herabsetzte.

Das Bild des Politikers Strauß wird noch düsterer, wenn man in die Betrachtung seiner Person und seiner politischen Praxis die Jahre 1949 bis 1969 einbezieht.
Wie notwendig es ist, am Vorabend der vorgezogenen Bundestagswahlen die deutsche Jugend vor diesem Dr. Strauß zu warnen, mögen zwei Zitate vom Mai 1965 aus dem der CDU nahestehenden Monatsmagazin *Civis* unterstreichen:
»Ohne daß es jemand ausspricht, vergleicht die deutsche Öffentlichkeit diesen Mann mit Hitler.«
»In seiner Disziplinlosigkeit liegt Straußens persönliche Tragik. Sie nämlich scheint jenen Unkenrufen recht zu geben, nach denen Straußens ganzes legitimes Streben nach Macht im Staate eines Tages der Demokratie gefährlich werden muß.«
Dieser Tag scheint gekommen zu sein.

Deshalb haben sich die Herausgeber, als Exponenten und Verantwortliche demokratischer Jugendorganisationen, entschlossen, besonders den jungen Bürgern der Bundesrepublik die Vergangenheit und die heutige politische Praxis eines Mannes aufzuzeigen, der den Anspruch auf die politische Macht in diesem Land erhebt. Dieser Dr. h.c. Franz Josef Strauß hat sich aber durch seine politische Praxis selbst als Träger eines politischen Mandats disqualifiziert. Das wird in diesem Buch belegt.
Für die Autoren und Herausgeber war die Zusammenstellung des Materials alles andere als ein Vergnügen. Sie haben diese Arbeit auf sich genommen, um Unheil von der Bundesrepublik abwenden zu helfen. Dieses Buch ist ein Appell an die Jugend der Bundesrepublik, bei der Bundestagswahl und bei ihrem sonstigen politischen Handeln sich ihre Zukunft nicht durch die Stärkung der nach rückwärts orientierten Kräfte zu verbauen.

Die Unterzeichner rufen dazu auf, in den Bundestagswahlen 1972 Partei zu ergreifen für eine demokratische und soziale Gesellschaft, deren Durchsetzung nur gesichert ist, wenn Strauß und Barzel eine eindeutige Absage erteilt wird. Davon die älteren Mitbürger zu überzeugen, muß das Ziel der jungen Generation sein.

Frankfurt, im September 1972
Die Erstunterzeichner:
Wolfgang Roth
Bundesvorsitzender der Jungsozialisten
Ingrid Matthäus
Bundesvorsitzende der Deutschen Jungdemokraten
Walter Haas
Dieter Lasse
Bundesvorsitzender der Sozialistischen Jugend Deutschlands -Die Falken-

Schwarzbuch

Lebenslauf

»Strauß, Franz, Oberregierungsrat, Generalsekretär der CSU, Schongau – (Bayr. Kr. 12 Weilheim) CSU.

Geboren am 6. September 1915 in München als Sohn eines Handwerksmeisters. Nach Besuch des Humanistischen Gymnasiums Studium der Geschichte, Sprachen, Volkswirtschaft und Rechtswissenschaft an der Universität München. Staatsexamen im Jahre 1939/40. Von 1939 bis 1945 Teilnahme am 2. Weltkrieg. Von 1945 bis 1. Januar 1949 stellvertretender und zweimal gewählter Landrat von Schongau. Seit 1. Januar 1949 Leiter des Bayerischen Landesjugendamtes. 1945 Gründungsmitglied der Christlich-Sozialen Union. Von 1946 an Mitglied des Landesvorstands, seit 1949 Generalsekretär der CSU.«

(Aus: ›Handbuch des Deutschen Bundestags‹, 1. Aufl. 1949)

Dieser Lebenslauf, der auf eigenen Angaben des Bundestagsabgeordneten Franz (den zweiten Vornamen ›Josef‹, der weder im Standesamt, noch im Tauf-, noch im polizeilichen Melderegister vermerkt ist, legte er sich erst später bei) Strauß, bedarf einiger Ergänzungen:
Am 1. Mai 1937 war Strauß dem Nationalsozialistischen Kraftfahrkorps (NSKK), einer Gliederung der NSDAP, beigetreten; er wurde beim Sturm 23/M 6 in München »weltanschaulicher Referent«.
Am 1. November 1937 war Strauß dem Nationalsozialistischen Deutschen Studentenbund (NSDStB) beigetreten.

Am 1. Mai 1942 wurde der Studienassessor Franz Strauß vom Reichsminister für Wissenschaft, Erziehung und Volksbildung zum außerplanmäßigen Beamten. an der Oberschule für Jungen in der Damenstiftstraße, München, ernannt, am 5. April 1943 zum Studienrat.

Während seiner Militärdienstzeit wurde er am 1. Februar 1942 Leutnant, später Oberleutnant. Letzte Dienststellung: Chef der Stabsbatterie einer Flak-Einheit mit Standort in Altenstadt bei Schongau am Lech.

Nach Kriegsende betätigte sich der Oberleutnant Franz Strauß, der sich zuvor durch eigene Eintragungen in sein Soldbuch selbst aus der Wehrmacht entlassen und von seiner Truppe entfernt hatte, als Dolmetscher bei der amerikanischen Militärregierung.

Auf Betreiben des in Schongau stationierten Oberleutnants im militärischen Nachrichtendienst der US-Streitkräfte, Ernest F. Hauser, wurde Strauß kommissarischer Landrat, später auch zum Landrat von Schongau gewählt.

Als Landrat war er zugleich geschäftsführender Vorsitzender des Spruchausschusses, der über die politische Vergangenheit ehemaliger Mitglieder der NSDAP und ihrer Gliederungen sowie über die jeweilige Anwendbarkeit der Entnazifizierungsbestimmungen zu urteilen hatte.

Als Bundestagsabgeordneter wurde er deshalb am 25. Februar 1955 von dem damaligen SPD-Abgeordneten Arno Behrisch als »Spruchkammervorsitzender, der die kleinen Pg gepiesackt und vom Nazismus und Militarismus gereinigt« habe, apostrophiert. Strauß gab daraufhin vor dem Deutschen Bundestag eine Erklärung ab. Er behauptete, **»in Bayern nie Vorsitzender einer Spruchkammer oder Berufungskammer«** gewesen zu sein. Er verschwieg, daß er Vorsitzender des Spruchausschusses von Schongau gewesen war und daß die Spruchausschüsse zwar dieselbe Funktion wie die Kammern hatten, aber erst etwas später so benannt wurden.

Über Oberbayern hinaus wurde Franz Strauß erstmals

im Jahre 1950 bekannt durch seine Verwicklung in die sogenannte ›Hauptstadt-Affäre‹. Es ging darum, daß eine Reihe von Abgeordneten der Bayernpartei, entgegen ihrem gerade gefaßten Fraktionsbeschluß, für Bonn als die provisorische Hauptstadt der Bundesrepublik gestimmt hatten, und zwar — wie sich dann herausstellte — hierzu bewogen durch Geldzuwendungen von seiten der CSU.

Ein Untersuchungsausschuß des Deutschen Bundestags befaßte sich mit diesem ersten größeren Fall von parlamentarischer Korruption. Die Angelegenheit konnte aber nie restlos aufgeklärt werden. Es steht jedoch fest, daß damals Bayernpartei-Bundestagsabgeordnete — unter ihnen der stellvertretende Landesvorsitzende Anton Donhauser, der ehemalige Staatssekretär für Wiedergutmachungsfragen, Hermann Aumer, und die Abgeordneten Dr. Conrad Fink und Georg Mayerhofer — Geldgeschenke von der CSU erhalten hatten.

Hermann Aumer bekannte später freimütig, daß man rund 20 000 DM für »Einflußreiche«, rund 10 000 DM »für Leute, die mitzureden hatten«, und erheblich weniger »für das gewöhnliche Stimmvieh« erbeten und erhalten habe. Aumer selbst kassierte nach eigenen Angaben 21 500 DM. Von CSU-Seite führte der damalige CSU-Generalsekretär Strauß die Verhandlungen.

Am 16. Oktober 1956 wurde Strauß — vorher bereits Bundesminister ohne Geschäftsbereich, dann ›für besondere Aufgaben‹ und seit 1955 Bundesminister für Atomfragen — zum Bundesverteidigungsminister ernannt.

Er war seit 1951 stellvertretender Vorsitzender der bayerischen CSU und hatte sich um seine Partei vornehmlich dadurch Verdienste erworben, daß es ihm gelungen war, die rivalisierende, aus demselben Wählerpotential schöpfende Bayernpartei zu zerschlagen und ihre führenden Funktionäre fast völlig in die CSU zu integrieren oder — hier insbesondere durch die sogenannte ›Spielbanken-

Affäre‹ – zu kompromittieren und auch in ihrer bürgerlichen Existenz zu vernichten.
Damals konnte Theodor Eschenburg in der Wochenzeitung *Die Zeit* noch schreiben:
»Strauß ist nicht wegen seiner Politik gefährlich, sondern wegen seines persönlichen Verhaltens in der Politik.«

I. Strauß als Bundesminister für Verteidigung

»Mit der Ernennung zum Verteidigungsminister habe ich die Befehls- und Kommandogewalt über die Bundeswehr übernommen. Tut alles, was in Euren Kräften steht, um der Bundeswehr Achtung und Vertrauen bei unserem Volk und im Ausland zu verschaffen. Vermeidet peinlich und sorgfältig jedes Wort und jede Handlung, die diesem Ziele schaden könnte.
Ich habe volles Vertrauen zu Euch, daß Ihr diese Aufgabe meistern werdet. Als Euer Oberster Vorgesetzter verlange ich Vertrauen und Zivilcourage von Euch und sichere Euch jede Unterstützung in der Durchführung der Euch übertragenen Pflichten zu.
Wir sind uns gemeinsam unserer Sache bewußt, weil sich unsere Arbeit auf den Grundlagen von Sitte und Recht vollzieht.
Bonn, 31. Oktober 1956 gez. Franz Josef Strauß«

Mit diesem Tagesbefehl an die Bundeswehr begann Strauß seine Amtsführung als Bundesminister der Verteidigung. Einige Tage zuvor, am 7. Oktober 1956, hatte er auf einer Pressekonferenz folgende Erklärung abgegeben: »Der Aufbau der Bundeswehr, das Tempo der Truppenaufstellung, die Bewaffnung, die Ausrüstung und Unterbringung dürfen nur nach dem Grundsatz ›Qualität vor Quantität‹ vollzogen werden.«

Tagesbefehl und Presseerklärung berechtigten zu der Hoffnung, daß Strauß, mit 41 Jahren der jüngste für die

Streitkräfte zuständige Minister der deutschen Militärgeschichte, sein Amt gewissenhaft und treu verwalten werde.
Er tat jedoch das Gegenteil und verletzte jede einzelne der von ihm aufgestellten Maximen.

1. Beschaffung des Schützenpanzers HS 30

Zu den ersten wichtigen Amtshandlungen des neuen Verteidigungsministers Strauß gehörte der Abschluß eines Vertrages mit der schweizerischen Firma ›Hispano Suiza‹ auf Lieferung von Schützenpanzerwagen des Typs HS 30.
Es wurden zwischen dem 6. Februar und dem 3. August 1957 insgesamt 10 680 Schützenpanzerwagen des Typs HS 30 bestellt; das Bundesministerium der Verteidigung leistete vorweg eine Anzahlung von 193 Millionen DM. Weitere 12 Millionen DM zahlte das Ministerium als Vorschuß, der gegen später einmal fällig werdende Lizenzgebühren für bundesdeutsche Nachbauten verrechnet werden sollte. Diese Vorschüsse von zusammen 205 Millionen DM stellten die höchste Summe dar, die bis dahin in Bonn für einen einzelnen Rüstungsauftrag aufgewendet worden war.
Zum Zeitpunkt der Bestellung und Anzahlung gab es noch keinen einzigen Prototyp des Schützenpanzerwagens HS 30, erst recht keine sogenannte ›Null-Serie‹, ganz zu schweigen von irgendwelchen Erprobungsergebnissen. Es gab auch keinen Grund zu der Annahme, daß diese eigentlich selbstverständlichen Voraussetzungen bald gegeben sein könnten, denn die Firma ›Hispano Suiza‹ hatte noch nie einen Schützenpanzerwagen gebaut.
Der Bundesrechnungshof hat in seinem Prüfungsbericht (1967) dazu festgestellt:
»Der Bundesrechnungshof hat keine Anhaltspunkte

dafür gefunden, daß der Beschaffung eine militärisch-technische Planung zugrunde gelegen habe, die auch nur den Anschein der Durchführbarkeit für sich in Anspruch nehmen konnte.«

Und weiter:

»Der Bundesrechnungshof hat festgestellt, daß die Beschaffung in einer Weise betrieben wurde, die mit den Grundsätzen der Wirtschaftlichkeit nicht in Einklang steht.«

Ferner rügte der Bundesrechnungshof:

»Die Termine wurden in keinem Falle eingehalten [...] Insgesamt ist festzustellen, daß die Grundlagen der Einführungsgenehmigung für das Programm von 2,5 Milliarden DM nicht mit der gebotenen Gründlichkeit erarbeitet worden sind. Dieser Mangel ist auch nicht mit dem Hinweis auf die angeblich unabdingbare militärische Forderung zur schnellsten Aufstellung der Bundeswehr zu rechtfertigen. Gerade wenn solche Forderungen erhoben werden, ist es erforderlich, die militärischen, technischen, finanziellen und wirtschaftlichen Voraussetzungen besonders eingehend zu prüfen, damit übereilte Maßnahmen vermieden werden, die letzten Endes zu kostspieligen Verzögerungen führen und die Abwehrbereitschaft der Bundeswehr beeinträchtigen. Dies ist versäumt worden [...]«

Und:

»Der Bundesrechnungshof kann nur feststellen, daß nach seiner Ansicht auch ›politische Entscheidungen‹ die Verwaltung nicht dazu berechtigten oder gar zwangen, vermeidbare Ausgaben zu verursachen und die Bundeswehr, wenn auch nur vorübergehend, mit nicht erprobten, unausgereiften und unzulänglichen Waffen auszurüsten.«

Soweit der Bundesrechnungshof in seinem Prüfungsbericht. Gegenüber dem Deutschen Bundestag gab Bundesminister Strauß am 3. November 1958 – in Beantwortung einer kleinen Anfrage der SPD-Fraktion – folgende Erklärung ab:

»Sämtliche Verträge enthalten vorsorglich die Bestimmung, daß der Auftraggeber diese Verträge ohne Angabe von Gründen jederzeit mit sofortiger Wirkung kündigen kann.«

Am 18. Oktober 1966 hingegen erklärte Strauß gegenüber der *Deutschen Presse-Agentur (dpa)*, die HS 30-Lieferverträge hätten »wegen der eindeutigen Rechtslage auf Grund der hohen Schadenersatzansprüche nicht annulliert werden können. Auch sei er damals von niemandem gewarnt worden.«

Eine Woche später, am 25. Oktober 1966, hatte Strauß eine dritte Version anzubieten: »Eine Annullierung der Verträge war wegen der inzwischen veranlaßten Verbesserungen nicht mehr nötig.«

Der Bundesrechnungshof stellte demgegenüber fest:

»Die Erprobungsstelle hatte [...] dem Bundesminister. Strauß schon seit Oktober 1957 laufend über Mängel des Fahrzeugs und Schäden [...] berichtet. Wegen der Verzögerungen, die sich daraus auch bei der Erfüllung der Serienaufträge ergaben, setzte der Bundesminister im Mai 1958 eine Untersuchungskommission ein. Auf deren Anregung erhielten zwei Rechtsanwälte im Juni 1958 Auftrag, Gutachten über die Rechtslage zu erstatten [...] Beide Gutachter kamen zu dem Ergebnis, daß die Bundesrepublik [...] zum Rücktritt vom Vertrag oder zur Forderung von Schadenersatz wegen Nichterfüllung berechtigt sei. Auch stünden ihr Ansprüche wegen Verschuldens bei Vertragsabschluß und positiver Vertragsverletzung zu.«

In voller Kenntnis dieser Rechtslage und der katastrophalen Mängel, die die ersten beiden Prototypen des HS 30 aufzuweisen hatten sowie in voller Kenntnis der Tatsache, daß an einen baldigen Bau, auch nur einer Null-Serie, nicht zu denken war, gab Bundesminister Strauß am

3. November 1958 gegenüber dem Deutschen Bundestag folgende Erklärung ab:

»Es ist beabsichtigt, fünfzig Schützenpanzer – Auslieferung im Dezember 1958 beginnend – bei der Truppe zu erproben [. . .] vier Monate nach Abschluß des Truppenversuchs werden die Lieferungen aus der Serienproduktion beginnen. Die Gesamtauslieferung wird etwa Frühjahr 1961 abgeschlossen sein.«

Erst einen Monat *nach* dieser Erklärung ließ Bundesminister Strauß die Firma ›Hispano Suiza‹ am 5. Dezember 1958 fernschriftlich bitten, zur Erörterung der Lage und insbesondere der Liefertermine einen Vertreter nach Bonn zu schicken. Bei dieser Unterredung, die seitens des Verteidigungsministeriums von Ministerialdirektor Dr. Wolfgang Holtz geführt wurde, lehnten es die ›Hispano Suiza‹-Repräsentanten ab, verbindliche Liefertermine zu nennen. Sie verweigerten auch den Einblick in ihre vertraglichen Abmachungen mit der englischen Firma Leyland, die mit dem Bau des HS 30 beauftragt worden war.

Minister Strauß ließ schließlich den Schützenpanzer-Auftrag auf die Höhe der bereits geleisteten Vorauszahlungen kürzen. Aber:

»Im Oktober 1959 legte der Auftragnehmer eine Berechnung vor, in der für Restabgeltung, Änderungskosten und eine Reihe weiterer kleinerer Positionen eine Schlußzahlung von noch rund 80 Millionen DM gefordert wurde«,

heißt es hierzu im Bericht des Bundesrechnungshofs.

Von Anbeginn an war in Presse und Öffentlichkeit der Verdacht geäußert worden, daß die Vergabe des Schützenpanzer-Auftrags an die Firma ›Hispano Suiza‹ von dieser durch Bestechung erlangt worden wäre.

Am 17. Oktober 1958 fragte deshalb die SPD-Fraktion bei der Bundesregierung an:

»Entspricht die Behauptung den Tatsachen, wonach ein damaliges Mitglied des Vorstands der CDU-Bundestagsfraktion für die Lieferfirma bei ihren Vertragsvorbereitungen gegenüber dem Bundesverteidigungsministerium tätig war?«

Für die Bundesregierung antwortete Bundesminister Strauß – unter dem Aktenzeichen VR I 2-01-02-02-04 und dem Datum vom 3. November 1958 – schlicht mit:

»Nein.«

Diese Antwort entsprach nicht der Wahrheit.

Tatsächlich war der Bundestagsabgeordnete Dr. Otto Lenz (Godesberg), von Beruf Rechtsanwalt, bis 1953 Staatsekretär im Bundeskanzleramt und zur fraglichen Zeit Mitglied des Fraktionsvorstands der CDU/CSU, daneben Wahlkampfleiter seiner Partei, zusammen mit seinem Sozius, Rechtsanwalt Fritz Aretz, als Berater und Interessenvertreter des ›Hispano Suiza‹-Generalbevollmächtigten Conrado José Kraémer bei den HS 30-Vertragsvorbereitungen gegenüber dem Bundesministerium der Verteidigung tätig gewesen; nach dem Tode von Dr. Lenz führte sein Sozius Aretz die Verhandlungen mit dem Verteidigungsministerium allein weiter.

Minister Strauß hat im Zusammenhang mit der Beschaffung des Schützenpanzerwagens HS 30 den Deutschen Bundestag noch mehrmals an einer Aufklärung der Hintergründe, insbesondere des Verdachts auf Korruption, durch Unwahrheiten und irreführende Angaben zu hindern versucht.

Im November 1966, nachdem durch Veröffentlichungen in der Zeitschrift *deutsches panorama* die Affäre HS 30 neue Aktualität erlangt und zu parlamentarischen Anfragen geführt hatte, wurde Reichsminister a. D. Gottfried Treviranus nach Bonn gebeten und auf Veranlassung der Staatsanwaltschaft auch richterlich vernommen. Unter Eid bekräftigte er seine schon früher gemachten Aussagen, denen zufolge er dem Bundesminister Strauß im Herbst 1958 einen Besuch abgestattet, ihn auf massive Bestechungen im Zusammenhang mit der Vergabe des Schützenpanzerauftrags aufmerksam gemacht und Strauß eine Liste der bestochenen Beamten und sonstigen Personen übergeben habe. Die Summe der von ›Hispano Suiza‹ gezahlten Bestechungsgelder bezifferte Treviranus mit 18 Millionen DM; allein Dr. Otto Lenz habe mehr als 3 Millionen DM erhalten.

Am 18. November 1966 wurde von der Bundesregierung auf eine Anfrage der SPD-Bundestagsfraktion mit folgendem Wortlaut:
»Hat der ehemalige Reichsminister Gottfried Treviranus 1957 oder 1958 dem Herrn Bundesverteidigungsminister eine Liste mit den Namen von Personen übergeben, die von der Firma ›Hispano Suiza‹ Geld erhalten haben sollen? Wenn ja: Wo befindet sich diese Liste? Welche Namen enthält sie? Wann wurde sie der Staatsanwaltschaft zugeleitet?«
laut Bundestagsdrucksache V/1135 wie folgt geantwortet:
»Nein.«

In den Vorbemerkungen heißt es in derselben Bundestagsdrucksache zu diesem Punkt:
»Im Herbst 1958 besuchte Reichsminister a. D. Treviranus das Bundesministerium der Verteidigung, um Geschäfte anzubahnen. Ausweislich der Besucherliste besuchte er am 28. Oktober 1958 Minister Strauß [...] Im Gespräch mit Minister Strauß behauptete Reichsminister a. D. Treviranus, der britische Nachrichtendienst sei im Besitz einer Liste von Personen, die im Zusammenhang mit der Beschaffung des HS 30 – wohl für die Partei – Geld erhalten hätten [...] Minister Strauß hat daraufhin Bundeskanzler Adenauer von dem Inhalt seines Gesprächs mit Reichsminister a. D. Treviranus unterrichtet [...] Bundeskanzler Dr. Adenauer hat eine Überprüfung zugesagt und Minister Strauß einige Zeit später die Mitteilung zukommen lassen, die CDU habe nach dem Ergebnis ihrer

Überprüfung weder unmittelbar noch mittelbar von der Firma ›Hispano Suiza‹ Geld erhalten [...] Minister Strauß hat weder 1958 noch später eine Liste der angeblichen Zahlungsempfänger erhalten [...]«
Dieser Darstellung, die auf Auskünften des Ministers Strauß beruht, steht nicht nur die beeidete Aussage des Reichsministers a. D. Treviranus vor dem Vernehmungsrichter entgegen, sondern auch eine Aussage des damaligen Staatssekretärs im Bundesverteidigungsministerium, Gumbel, vor dem Bundestag.
Am 29. Oktober 1966 meldete *Die Welt* aus Bonn:
»[...] Vorher hatte Gumbel eingestanden, daß der ehemalige Reichsminister Treviranus im Verteidigungsministerium eine Liste überreicht hat, die die Namen von Personen enthielt, die von der Schweizer Firma Bestechungsgelder angenommen haben sollen.«
Ergänzend sei erwähnt, daß schriftliche Warnungen des Botschafters der Bundesrepublik in Bern, Dr. Holzapfel, an Minister Strauß, die sich zum Skandal ausweitenden Praktiken der ›Hispano Suiza‹-Vertreter und die Beziehungen des Generalbevollmächtigten Kraémer zu östlichen Nachrichtendiensten betreffend, unbeachtet blieben, später von Minister Strauß teils bestritten, teils verharmlost wurden; daß Warnungen und ein ›freundschaftliches Hilfsangebot‹ von amtlicher schweizerischer Seite, Strauß persönlich überbracht von Oberstleutnant Schaufelberger, von Strauß später ebenfalls bestritten und, soweit unbestreitbar, bewußt irreführend dargestellt worden sind und daß der Deutsche Bundestag auch in diesen beiden Fällen von Minister Strauß mit einem Gemisch aus Wahrheiten, Halb-, Viertel- und Unwahrheiten bewußt getäuscht worden ist.

Zusammenfassend ist festzustellen, daß der damalige Bundesminister der Verteidigung, Strauß,
— durch die Vergabe des bis dahin größten Rüstungsauf-

trags an eine dafür völlig ungeeignete Firma, die nicht einmal den Entwurf eines Prototyps oder Erfahrungen im Schützenpanzerbau vorweisen konnte, seine Amtspflicht gröblich verletzt hat;

- die Hauptverantwortung für alle finanziellen und sonstigen Nachteile trägt, die der Bundesrepublik aus dem HS 30-Beschaffungsauftrag erwachsen sind;
- laufend das Parlament bewußt falsch oder bewußt irreführend unterrichtet hat;
- die Kampfkraft und Einsatzbereitschaft der Bundeswehr stark beeinträchtigt, ihren Aufbau um mindestens drei, wahrscheinlich sogar fünf Jahre verzögert und diese Nachteile auch in voller Kenntnis ihres Ursprungs und ihrer möglichen Folgen nicht zu beheben, sondern zu vertuschen versucht hat;
- seine Amtspflichten auch dadurch gröblich verletzt hat, daß er, als der Verdacht auf Korruption sich konkretisierte, es versäumt hat, die Staatsanwaltschaft zu informieren.

2. Beschaffung des ›Starfighters‹ F-104 G

Im Oktober 1958 traf der damalige Bundesminister der Verteidigung, Strauß, die Entscheidung, die Luftwaffe der Bundeswehr mit dem ›Starfighter‹ der amerikanischen Flugzeugbaufirma Lockheed auszurüsten.
Noch ehe über Preise, Lizenzgebühren, Garantien und Termine auch nur vorfühlend verhandelt worden war, erklärte Strauß den Lockheed-Repräsentanten, daß er sich endgültig für ihr Produkt, den ›Starfighter‹, entschieden habe. Dies erbrachte schwere Nachteile für den Bund in den dann anlaufenden Verhandlungen, da die Firma Lockheed auf eventuelle günstigere Angebote ihrer Konkurrenz keine Rücksicht zu nehmen brauchte.
Dementsprechend schlecht war das Vertragswerk, das

dann zustande kam: Zwei unvereinbare Dinge waren darin gekoppelt, nämlich einerseits der Auftrag, die amerikanische ›Starfighter‹-Version, den Schönwetter-Abfangjäger F-104, in einen allwetterfähigen Jäger umzuwandeln, der auch als Aufklärer sowie als Mehrzweck-Bomber und Träger atomarer Waffen zu verwenden sein sollte, andererseits ein Auftrag zur Lieferung von zunächst 66 kompletten Maschinen dieses erst noch zu entwickelnden Musters.

Dann, noch ehe auch nur ein einziger Prototyp des Super-Starfighters F-104 G (G = German, d. h. deutsche Version) im Flug erprobt worden war, erhöhte Minister Strauß – gegen den Rat aller Fachleute und die eindringlichen Warnungen des Generals Johannes Steinhoff – das Auftragsvolumen auf 700 Maschinen.

Dazu schrieb das Nachrichtenmagazin *Der Spiegel* in einer Analyse vom Januar 1966:

»Zweifellos hätte die Umrüstung der deutschen Luftkriegsflotte gemächlicher vollzogen werden können, aber Strauß führte gegen die Bedenken besonnener Offiziere und Ministerialbeamter ›politische Gründe‹ ins Feld. Später wurden die Gründe erkennbar: Strauß wollte durch eine NATO-Hintertür Deutschlands atomare Teilhaberschaft schnell zur vollendeten Tatsache machen [...] Daß der Wunsch nach atomarer Kampfkraft Hauptbeweggrund für die Erweiterung des Starfighter-Programms war, macht eine technische Modifikation deutlich, die Strauß nachträglich an der F-104 G vornehmen ließ: Er ließ den Bombenrechner austauschen [...]

Insgesamt 560 bundesdeutsche Starfighter bekamen ein neues Bombenrechner-Modell, den ›Dual-Timer‹, der für den Abwurf von Atombomben geeignet, für konventionelle Bomben dagegen zu ungenau ist.«

Diese Darstellung des *Spiegel* ist von Strauß nicht bestritten worden.

Zu den ›politischen Gründen‹, die Strauß bewogen haben sollen, das Auftragsvolumen drastisch zu erhöhen und 700 F-104 G fest zu bestellen, noch ehe ein Prototyp des neu zu entwickelnden Waffensystems erprobt worden war, hat der Bundesrechnungshof – vgl. Bundestagsdrucksache VI/2697 – folgendes zu bemerken gehabt:
»Offensichtlich wurden der NATO Zusagen gemacht, ohne daß das Ministerium hinreichend geprüft hatte, ob und wie sie erfüllt werden könnten. Dadurch ist es in eine Zwangslage geraten. Der Versuch, sich daraus durch kostspielige, vom ordnungsmäßigen Geräteentstehungsgang abweichende Beschaffungen zu befreien, ist hier ebenso gescheitert wie seinerzeit im Fall HS 30.
Hätte das Ministerium vor seiner Entscheidung, das Waffensystem ohne vorhergehende Entwicklung und Erprobung in Serie zu beschaffen, untersucht, mit welchen Verzögerungen und mit welchen militärischen, logistischen und finanziellen Nachteilen angesichts der vielen noch ungelösten Entwicklungs- und Fertigungsprobleme selbst bei der kleinsten Planungsstörung zu rechnen war, so wäre offenkundig geworden, daß dieses Vorgehen mit vertretbarem Aufwand kaum zum gewünschten Erfolg führen konnte. Der Mißerfolg zeichnete sich aber auch schon ohne solche Untersuchungen ab. Nach den Informationen, die dem Ministerium zur Verfügung standen, war er jedenfalls nicht so unwahrscheinlich, wie den Bundestagsausschüssen gegenüber dargestellt wurde.«
Das allein von Minister Strauß zu verantwortende Vorgehen bei der Beschaffung des Starfighters F-104 G hat der Bundesrepublik außerordentlich schweren Schaden zugefügt.
Der Bundesrechnungshof bemerkt dazu in seinem Bericht:
»Die Beschaffung des nicht beschaffungsreifen Waffensystems hat keine Vorteile, auch nicht den erhofften Zeitgewinn gebracht. Sie hat vielmehr dazu ge-

führt, daß die Ausrüstung der Bundeswehr mit brauchbarem Gerät verzögert, die militärische Einsatzfähigkeit über Jahre hinweg beeinträchtigt und die Ersatzteilversorgung sowie die Instandhaltung des Waffensystems erheblich erschwert worden ist. Als besonders nachteilig erwiesen sich der durch das zeitliche Nebeneinander von Entwicklung und Fertigung hervorgerufene unterschiedliche Konstruktionsstand der ausgelieferten Flugzeuge, die beschränkte Austauschbarkeit der Bauelemente und Geräte, der Zwang zu laufender Nachrüstung und die dadurch hervorgerufenen langen Industriestandzeiten, während deren die Flugzeuge bei den Verbänden fehlten. Weil die Ersatzteile und Bodendienst- und Prüfgeräte ebenfalls vor Abschluß der Entwicklung beschafft wurden, waren sie in großem Umfang nach kurzer Zeit – teilweise schon bei der Lieferung – nicht mehr verwendbar. Außerdem mußten wegen der unterschiedlichen Rüstzustände des Waffensystems zusätzlich Ersatzteile bereitgestellt und bereitgehalten werden. Insgesamt hat sich – wie bei der Beschaffung des Schützenpanzers HS 30, der amagnetischen U-Boote und der SM-Boote – gezeigt, daß durch ein Überspringen von Entwicklungs- und Erprobungsphasen bei komplizierten neuen Waffensystemen kein Vorteil erzielt werden kann. Neben der Schwächung der materiellen und psychologischen Verteidigungskraft verursacht die überstürzte Beschaffung zusätzliche Ausgaben, die weit über das hinausgehen, was bei Einhaltung des ordnungsmäßigen Geräteentstehungsgangs unvermeidbar ist.«

Neben der von Minister Strauß zu verantwortenden Schwächung der Verteidigungskraft erbrachte sein Vorgehen aber auch große finanzielle Nachteile für den Bund, vor allem durch die Mehrausgaben, die sein übereiltes Handeln verursachte.

Der Bundesrechnungshof hat dazu folgendes festgestellt:

»Wie hoch die Mehrausgaben insgesamt gegenüber den Ausgaben bei normalem Ablauf von Entwicklung, Erprobung und Fertigung waren, läßt sich nicht zuverlässig ermitteln. Anhaltspunkte dafür, welchen Umfang die Mehrausgaben hatten, ergeben sich jedoch aus nachstehenden Beispielen:

a) Die Überschreitung der vom Hersteller geschätzten Produktionskosten für die in den USA gebauten 96 Flugzeuge F-104 G um mehr als 77 Millionen DM ist überwiegend auf das Nebeneinander von Entwicklung und Fertigung (›Parallellauf‹) zurückzuführen. Entsprechende Mehrkosten müssen auch für die 604 Nachbauflugzeuge angenommen werden, da mit dem Nachbau ebenfalls begonnen wurde, ehe die Entwicklung abgeschlossen war.

b) Besonders hohe Kosten sind bei der Flugzeugausrüstung entstanden. So entschied sich das Bundesministerium entgegen den Empfehlungen des Flugzeugherstellers und der amerikanischen Luftwaffe und ohne genügende Prüfung der Eignung für ein Trägheitsnavigationsgerät, wie es bis dahin noch in keinem Kampfflugzeug verwendet worden war. Obgleich das Gerät erst zum Labormuster entwickelt war, beschaffte das Ministerium 1000 Stück zum Einzelpreis von 400 000 DM.

   Diese Maßnahme führte zu jahrelangen Schwierigkeiten, da die Geräte die gewünschten Leistungen nicht erbrachten. Die Navigationsanlage mußte während der Serienproduktion ständig weiterentwickelt werden. Später mußten alle Geräte auf einen einheitlichen Fertigungsstand nachgerüstet werden. Die erforderlichen Leistungen wurden dennoch nicht erreicht. Schließlich waren die gegenseitigen Rechte und Pflichten der Vertragsparteien so unübersichtlich geworden, daß die Schwierigkeiten nur noch durch eine Pauschalvereinbarung bereinigt werden konnten. Danach kosteten dann die militärisch nur beschränkt brauchbaren Navigationsanlagen mit Ersatzteilen und Bodendienst- und Prüfgeräten insgesamt mehr als 700 Millionen DM. Allein für die Bordgeräte mußte dem Auftragnehmer ein Preis zugestanden werden, der um 4 Millionen DM höher war als der ursprünglich für Geräte mit brauchbaren Leistungsdaten veranschlagte Höchstpreis.

c) Über die Nachteile, zu denen die Beschaffung des Waffensystems im Bereich der Logistik geführt hat, wollte der Bundesrechnungshof bereits in den Bemerkungen 1967 vorweg berichten. Er mußte davon absehen, weil das Bundesministerium unmittelbar vor der Berichterstattung Sachverhalte bestritt, die unstreitig gewesen waren. Erneute Erhebungen haben die früheren Prüfungsfeststellungen bestätigt:

Da das Waffensystem wegen der mangelnden Beschaffungsreife auch nicht ›versorgungsreif‹ war, sah sich die Bundeswehr vor logistische Aufgaben gestellt, die nicht zu bewältigen waren. Materialgrundlagen (systematische Bezeichnung, Numerierung, Ordnung und Einteilung des Materials), die unabdingbare Voraussetzung für die Versorgung eines Waffensystems sind, waren nicht vorhanden, als die ersten Ersatzteile geliefert wurden. Wegen der kurzen Fristen sahen sich Lieferanten vielfach gezwungen, Ersatzteile unzureichend gekennzeichnet, zum Teil sogar ohne ›Versorgungsnummern‹, zu liefern. Dies hatte zur Folge, daß die Ersatzteile, als sie benötigt wurden, den Lagern nicht entnommen werden konnten. Aber auch viele Teile, die Versorgungsnummern erhalten hatten, konnten nicht gefunden werden, da die Nummern wegen der häufigen Änderungen an den Flugzeugen und Geräten immer wieder

umgestellt wurden. Der Änderungsdienst der Bundeswehr konnte mit dieser Entwicklung nicht Schritt halten. Im Jahre 1967 waren rd. 40 v. H. der zu ändernden Versorgungsnummern noch nicht berichtigt. Auch konnten die Geräte, die nach Austausch gegen andere bei den Betreuungsfirmen überholt werden und zum Teil besonders wertvoll sind (Triebwerke, Klimaanlagen, Funk- und Navigationsgeräte und dergleichen), mit dem herkömmlichen Versorgungsverfahren nicht so erfaßt werden, daß ihr Verbleib jederzeit feststellbar war. Eine im Jahre 1967 angeordnete Lagerbestands- und Verbrauchserfassung bei der Truppe ergab, daß viele dieser Geräte nicht nachweisbar und somit dem Materialkreislauf entzogen worden waren. Auch waren Ersatzteile wegen der ständigen Änderungen des Waffensystems in immer größerem Umfang nicht mehr zu verwenden.
Die dadurch hervorgerufenen tatsächlichen oder vermeintlichen Versorgungslücken wurden anfangs durch Ausbau von Teilen aus anderen Flugzeugen, später durch umfangreiche, teuere Schnellbeschaffungen mit Hilfe amerikanischer Versorgungsdienste geschlossen, während die Lager mit nicht identifizierten und nicht identifizierbaren Teilen überfüllt waren. So ist die aus den USA bezogene Ersatzteil-Grundausstattung wegen der fehlenden Materialgrundlagen nicht – wie es erforderlich gewesen wäre – ihrem Bestimmungszweck und dem Bedarf entsprechend auf die Truppen- und die Industrieinstandsetzung aufgeteilt, sondern den beiden Versorgungszweigen pauschal je zur Hälfte zugeleitet worden. Hierdurch gelangten rd. 20 000 Versorgungsartikel mit etwa 600 000 Einzelteilen, die der Industrieinstandsetzung dienen sollten, in ein Depot, das nur die Truppe zu versorgen hatte. Die Truppe hatte für

diese Teile keine Verwendung, die Industrie dagegen zu dem Depot keinen Zugang. Sie war gehalten, ihren Ersatzteilbedarf bei einem Luftwaffenparkregiment zu decken. Dieses wiederum hielt sich nicht für berechtigt, über die Bestände in dem Depot zu verfügen. Es ergänzte seine Vorräte, wenn sie unter ein bestimmtes Soll sanken, durch Neubeschaffungen. Auf die im Depot lagernden Bestände griff es nur in wenigen Ausnahmefällen leihweise zurück, nämlich nur dann, wenn seine eigenen Vorräte erschöpft und bestellte Lieferungen nicht rechtzeitig eingetroffen waren. Die meisten für die Industrie bestimmten Teile blieben daher in dem Depot vier, zum Teil bis zu sieben Jahre lang unbewegt und teilweise auch unerkannt liegen.
Um verwendbare Teile des mit eigenen Kräften nicht identifizierbaren Lagerbestandes in dem Depot doch noch der Versorgung zugänglich machen zu können, beauftragte das Bundesamt für Wehrtechnik und Beschaffung schließlich im Jahre 1965 drei Firmen, das Lager zu bereinigen. Die Arbeiten erwiesen sich als schwierig und zogen sich bis 1969 hin. Sie haben mehr als 2 Millionen DM gekostet. Teile, die technisch noch verwendbar zu sein schienen, wurden den mit der Instandhaltung und Instandsetzung betrauten Firmen zur Verfügung gestellt. Ob an ihnen noch Bedarf besteht, ist allerdings zweifelhaft, nachdem die Flugzeuge mehrmals umgerüstet und die Bestände der Industrie laufend aufgefüllt worden sind.
Ende 1967 hat das Bundesministerium neue Verfahren für die endgültige Kennzeichnung der Versorgungsartikel des Waffensystems sowie für eine zentrale Erfassung und Überwachung der Bestände eingeführt. Damit und mit der Übertragung von logistischen Teilaufgaben auf die Industrie so-

wie durch Ermächtigung an sie, noch erforderliche Ersatzteile selbst zu beschaffen, hofft es, die ungestörte Versorgung des Waffensystems für die restlichen Jahre der Indiensthaltung sichergestellt zu haben. Der Schaden, der auf dem Gebiet der Versorgung eingetreten war, konnte jedoch dadurch nicht mehr beseitigt werden. Er muß bei vorsichtiger Schätzung mit mehreren hundert Millionen DM angenommen werden.«

Soweit die Feststellungen des Bundesrechnungshofs über die von Minister Strauß zu verantwortenden vermeidbaren Mehrausgaben.

Der Bundesrechnungshof hat sich aber auch mit der Unterrichtung des Deutschen Bundestags und seiner Ausschüsse durch Minister Strauß ausführlich befaßt und ist dabei zu folgenden Ergebnissen gekommen:

»Dem zweiten Komplex – unzureichende und unzutreffende Unterrichtung der Bundestagsausschüsse – liegt folgender Sachverhalt zugrunde:

Bei der ersten Vorlage an die Ausschüsse im Oktober und November 1958 hat das Bundesministerium nicht mitgeteilt, daß das Flugzeug, das es beschaffen wollte, bis dahin nur als Schönwetterjäger für amerikanische Verhältnisse hergestellt worden war und daß es erst noch zum Allwetter-Mehrzweckflugzeug umkonstruiert und weiterentwickelt werden mußte. Am 26. November 1958 äußerte es sich dahin, an der Maschine und an dem Triebwerk sei nichts zu ändern; es handele sich nur darum, in die vorhandene Zelle alles einzubauen, was in der Bundesrepublik Deutschland gebraucht werde.

Im Februar 1959 erklärte das Ministerium, es gehe nur darum, eine voll ausgereifte amerikanische Kampfmaschine ohne Änderung von Zelle und Triebwerk in drei Punkten zu verbessern und zu ergänzen. Die Elektronik sei fertig vorhanden, ihre Größenabmessungen stimmten mit der Zelle überein und sie sei auch schon versuchsweise eingebaut worden; die neue Ausstattung sei im Einzelteil fertig, lediglich die Komposition der einzelnen Teile müsse noch abgestimmt werden, damit sie dann in einer nicht lange dauernden Erprobungsserie festgelegt werden könnte.

Demgegenüber war dem Bundesministerium bekannt, daß die Entwicklungen und die notwendigen Erprobungen viel weitergehend und langwieriger sein würden, daß insbesondere die gewünschte Elektronik im wesentlichen erst noch entwickelt werden mußte und daß für mehrere Geräte noch nicht einmal Ausrüstungsforderungen vorhanden waren.

Erst im März 1959 deutete das Bundesministerium an, daß die Entwicklung einen größeren Umfang habe. Es stellte aber auch jetzt noch den Umfang der Entwicklung und das mit ihr verbundene Risiko als zu gering dar. Abweichend von den eigenen Erkenntnissen erklärte es, im wesentlichen müßten nur verschiedene Leitungen anders verlegt werden, und es könne sich höchstens darum handeln, daß einige neue Geräte in ihrem Zusammenwirken nicht den gewünschten Wirkungsgrad erreichten.

Die weitere Erklärung, der amerikanische Flugzeughersteller werde sich am Risiko der Weiterentwicklung mit 25 v. H. der Kosten beteiligen, entsprach nicht den Vereinbarungen. Eine Kostenbeteiligung war nur für den Fall vorgesehen, daß die Bundesrepublik Deutschland den Vertrag kündigte. Die Entwicklungsziele für die Fertigung der Flugzeuge galten nicht einmal als verbindliche Leistungsverpflichtungen, geschweige denn als zugesicherte Eigenschaften. Aber auch bei einer Kündigung hätte wegen der ungenauen Leistungsbeschreibungen kaum Aussicht bestanden, eine Kostenbeteiligung des Herstellers durchzusetzen.

Selbst noch im Jahre 1962 erhielten die Ausschüsse unzutreffende Auskunft über den Stand der Entwicklung und über die noch entstehenden Ausgaben.
Der Bundesrechnungshof hat das Ministerium gebeten mitzuteilen, weshalb es aus der unzureichenden und unzutreffenden Unterrichtung des Bundestages keine personellen Folgerungen gezogen hat.
Das Bundesministerium hat erwidert, daß der Verteidigungsausschuß und der Haushaltsausschuß über das Vorhaben, besonders die Konsequenzen, die sich aus der Umstellung des amerikanischen Abfangjägers F 104 auf ein Mehrzweckflugzeug ergeben würden, zwar schriftlich nicht ausreichend unterrichtet worden seien. In den Beratungen beider Ausschüsse habe das Ministerium auf Fragen von Abgeordneten aber eingehendere Angaben gemacht, u. a. über die Elektronik, das Triebwerk und den Schleudersitz. Die Ausschüsse hätten jedenfalls in Kenntnis der Tatsache, daß umfangreiche Änderungen nötig würden, der Beschaffung trotz der von Abgeordneten geäußerten Bedenken zugestimmt. Wieweit die Entscheidung des Haushaltsausschusses durch die Erklärung, daß ›sowohl das Triebwerk als auch die Außenteile der Zelle von der sogenannten Weiterentwicklung nicht berührt‹ würden, beeinflußt worden sei, werde sich zwar nicht mehr feststellen lassen. Immerhin sei von ihm, dem Ministerium, darauf hingewiesen worden, daß das durch gleichzeitige Entwicklung und Fertigung entstehende Risiko in Kauf genommen werden sollte, damit eine verspätete Lieferung der Flugzeuge und ein damit verbundener höherer Preis vermieden würden, und daß auch bei den veranschlagten Kosten Änderungen – ›wenn auch nicht in erheblichem Umfang‹ – zu erwarten seien. Ob diese Bemerkungen ausgereicht hätten, dem Haushaltszuschuß ein zutreffendes Bild von dem Kostenrisiko zu geben, müsse allerdings dahingestellt bleiben.

Auch der Verteidigungsausschuß sei, und zwar in seiner Sitzung am 4. März 1959, darüber informiert worden, daß die endgültigen Kosten noch nicht genau übersehen werden könnten und eine genaue Preisermittlung erst möglich sein werde, ›wenn die Entwicklung durchgeführt‹ sei.

Den Vorwurf, das Bundesministerium habe den Verteidigungsausschuß am 21. März und im Juni 1962 bei der Vorlage des 3. Flugzeugbeschaffungsprogramms unzutreffend unterrichtet, als es erklärte, die Entwicklung sei abgeschlossen und es fielen keine weiteren Kosten mehr an, hat es mit der Behauptung zurückgewiesen, die danach noch durchgeführten Entwicklungsarbeiten im Wert von mehr als 60 Millionen DM seien lediglich Programme gewesen, die über die ursprünglich beabsichtigte Entwicklung hinausgegangen seien. Warum keine personellen Folgerungen gezogen worden sind, als erkennbar wurde, daß das Parlament über wichtige Tatsachen unzureichend unterrichtet worden war, lasse sich nicht mehr feststellen.

Nach Ansicht des Bundesrechnungshofes sind die unzulänglichen Informationen, die das Ministerium den Ausschüssen in seinen schriftlichen Vorlagen gegeben hatte, durch die mündlichen Erläuterungen in den Ausschußsitzungen nicht hinreichend berichtigt worden. Diese waren vorwiegend darauf abgestellt, die in den Ausschüssen laut gewordenen Befürchtungen zu beschwichtigen.

Die Entwicklung des Waffensystems war, entgegen der Einlassung des Ministeriums, auch im Jahre 1962 noch nicht abgeschlossen. Alle damals noch laufenden Entwicklungsprogramme zielten darauf ab, das Flugzeug erst einmal als Waffensystem brauchbar zu machen, es den gewünschten Leistungsdaten anzunähern oder seine Brauchbarkeit zu testen. Noch im Dezember 1962 stellte die Erprobungsstelle fest, daß die Flugzeuge ›kaum verwendungsfähig‹ waren. Der amerikanische Hersteller erklärte, sie könnten allenfalls als ›pre-tactical airplanes‹, nicht jedoch als ›operational airplanes‹ verwendet werden; selbst der NATO-Rat mußte im Dezember 1962 die Konsequenzen erörtern, die sich daraus ergaben, daß die F-104 G als Allwetterjäger nicht einsetzbar war. Dem Bundesministerium war im Jahre 1962 bekannt, daß die Entwicklung des Waffensystems noch mindestens bis Mitte 1964 dauern und weitere Kosten verursachen werde. Dem Verteidigungsausschuß, der danach gefragt hatte, teilte es das aber nicht mit.«

Bundesminister Strauß hat jedoch nicht allein öffentliche Mittel in Milliardenhöhe verschleudert und das Parlament fortgesetzt getäuscht oder täuschen lassen; sein pflichtwidriges Verhalten schädigte auch, über die Schwächung der Einsatzbereitschaft und Verteidigungskraft der Bundeswehr hinaus, das nationale und internationale Ansehen der Streitkräfte. Vor allem aber setzte Minister Strauß damit Leben und Gesundheit der seinem Kommando – und damit auch seiner Fürsorgepflicht – anvertrauten Luftwaffenangehörigen sowie äußerst kostspielige Waffensysteme und Geräte aufs Spiel und handelte dabei mindestens grob fahrlässig.

In diesem Zusammenhang ist natürlich in erster Linie an die geradezu bestürzende Häufigkeit von Abstürzen der F-104 G zu denken, bei denen wegen technischer Mängel der anfangs verwendeten Schleudersitze besonders viele Menschenleben zu beklagen waren.

Bisher – Stand: 26. August 1972 – sind nach amtlichen Mitteilungen insgesamt 155 Maschinen des Typs F-104 G durch Absturz verlorengegangen, und es waren dabei 72 Menschenleben zu beklagen.

Diese alarmierend hohe Anzahl von – häufig tödlich verlaufenden – Unglücksfällen, für die der ehemalige Verteidigungsminister Strauß die Hauptverantwortung trägt,

wäre noch weit höher, hätten nicht seine Amtsnachfolger die Einsätze der F-104 G drastisch vermindert und an Bedingungen geknüpft, die die Unfallgefahr – auf Kosten der Kampfkraft und Einsatzbereitschaft – bedeutend verringerten.
Die bisher veröffentlichten Ziffern schließen übrigens die Verluste an Maschinen des Typs F-104 G vor oder nach dem Flug, durch Fehlstarts oder Bruchlandungen, nicht ein. Sie geben auch keinen Aufschluß darüber, wie viele Familienangehörige die bei ›Starfighter‹-Unfällen ums Leben gekommenen Piloten hinterlassen haben und welche Kosten dem Bund aus der Versorgung der Witwen und Waisen erwachsen sind, ganz zu schweigen von dem menschlichen Leid, das letztlich durch das pflichtwidrige, verantwortungslose und allein von persönlichem Machtstreben bestimmte Handeln des Ministers Strauß verursacht wurde.
Schließlich sei auch noch daran erinnert, welche enormen Mittel die Ausbildung der F-104 G-Besatzungen erfordert hat – je Pilot mehr als 1 Million DM –, und daß nach dem steilen Anstieg der Absturzziffern eine Vielzahl von ausgebildeten Piloten den Dienst kündigten und aus der Luftwaffe ausschieden.

Bei der Beschaffung der F-104 G gab es indessen auch noch gewisse Begleitumstände, die – gerade im Hinblick auf die zahlreichen Menschenleben, die das ›Starfighter‹-Abenteuer forderte, und auf die astronomischen Summen, die es verschlang – erwähnt werden müssen. Sie zeigen, wie verantwortungs-, aber auch würdelos der seinerzeitige Bundesminister der Verteidigung Strauß bei den Verhandlungen um das größte Rüstungsprojekt der Bundesrepublik in Amerika seinen Geschäftspartnern gegenüber auftrat; wie leichtfertig er als amtierender Minister und Oberbefehlshaber der Bundeswehr sein eigenes wie auch das Ansehen der Bundesrepublik aufs Spiel setzte, und wie er – nicht zum ersten und nicht zum letzten Mal –

seine amtlichen Befugnisse zu ganz persönlichen Zwecken in einer Art mißbrauchte, die den Verdacht auf Korruption erwecken muß.
Die Schilderung dieser Vorkommnisse hält sich wörtlich an den Text einer Dokumentation des Publizisten und derzeitigen Vizepräsidenten des PEN-Zentrums der Bundesrepublik Deutschland, Bernt Engelmann, die 1967 unter dem Titel ›Schützenpanzer HS 30, Starfighter F-104 G oder Wie man unseren Staat zugrunde richtet‹ in der Reihe »Dokumente zur Zeit« im Verlag Kurt Desch, München, erschienen ist. Nach Auskunft des Autors, die vom Verlag voll bestätigt wurde, ist diese Dokumentation unmittelbar vor ihrem Erscheinen einer Reihe von Persönlichkeiten, darunter Mitgliedern der Bundesregierung und des Bundestags, u. a. auch dem damaligen Bundesminister der Finanzen Dr. h. c. Strauß als Einschreiben zugeschickt worden. Von seiten des Dr. h. c. Strauß kam weder ein Einspruch, noch ein Dementi, noch eine Klage bei Gericht, etwa wegen Verleumdung, übler Nachrede oder politischer übler Nachrede nach § 187 a StGB.
Die hierfür in Frage kommenden Passagen der Dokumentation haben folgenden Wortlaut:

Am 5. April 1965 überreichten die Münchner Rechtsanwälte Dr. Otto Gritschneder und Dr. Hans Weber der 18. Zivilkammer des Landgerichts München I einen umfangreichen Schriftsatz. Als Vertreter des von Franz Josef Strauß »wegen Widerrufs und Schmerzensgeldes« verklagten *Spiegel*-Herausgebers Rudolf Augstein legten die beiden Anwälte auf 73 Schreibmaschinenseiten dar, was ihren Mandanten zu schreiben bewogen habe, Strauß sei ein »der Korruption schuldiger Minister«.
Von den zahlreichen Beweispunkten, die die Rechtsanwälte anführten, sind in diesem Zusammenhang nur die auf den Seiten 18 bis 23 des Schriftsatzes von Interesse, denn sie befassen sich mit den Begleitum-

ständen des Starfighter-Kaufs und mit den Beziehungen des Klägers, Franz Josef Strauß, zur Firma *Lockheed.*
Indessen lassen sich die Ausführungen der Rechtsanwälte nicht wörtlich wiedergeben, wenn man nicht die in unserer Zeit zwar schon sehr weit gezogenen, aber immer noch bestehenden Grenzen einer Berichterstattung aus der sogenannten Intimsphäre verletzen will. Wir müssen uns deshalb auf einige für das Verständnis der Zusammenhänge unerläßliche Andeutungen beschränken:
Zunächst wird in dem Schriftsatz die erste Amerika-Reise behandelt: der offizielle Besuch des Verteidigungsministers der Bundesrepublik Franz Josef Strauß in der Zeit vom 21. September bis 2. Oktober 1959 mit den Stationen New York, Montreal, Ottawa, Vancouver, Ottawa mit einem Abstecher nach Detroit und dem Rückflug über New York.
Alsdann befaßte sich der Schriftsatz mit der zweiten Amerika-Reise des Ministers Strauß vom 7. Juni bis 21. Juni 1960 mit den Stationen New York, Brunswick, Los Angeles, San Francisco, Washington. Auf dieser Reise, die unter anderem wegen der Verhandlungen mit Lockheed über den Starfighter durchgeführt wurde, kam es – wie schon bei der ersten Amerika-Reise – zu einigen sehr peinlichen Zwischenfällen bei gewissen Vergnügungen des Ministers Strauß –, peinlich um so mehr, als die Kosten dieser Vergnügungen von der Firma *Lockheed* getragen wurden. Insbesondere das Verhalten des Ministers Strauß im Hotel *Ambassador* in Los Angeles und in *Rickey's Studio Inn* in Palo Alto bei San Francisco wurde von den Rechtsanwälten als Beweis dafür angeführt, daß Strauß von ihrem Mandanten Augstein zu Recht als ein »der Korruption schuldiger Minister« bezeichnet worden sei.
Der Schriftsatz befaßt sich dann weiter mit einer drit-

ten Amerika-Reise, die Franz Josef Strauß in der Zeit vom 13. Juli bis 2. August 1961 über New York, Washington und Seattle nach San Francisco geführt hatte. Auf dieser Reise kam es dann wieder zu einem jener für das Verhalten des Ministers Strauß offenbar typischen Zwischenfälle, und hier sei ausnahmsweise einmal der Schriftsatz wörtlich zitiert – was wir bislang aus den erwähnten Gründen strikt vermieden haben –, damit der Leser sich ein Urteil bilden kann, wie sich der amtierende Bundesverteidigungsminister bei seinen offiziellen Amerika-Reisen aufgeführt hat:

»Mit einer Flasche Whisky in der Tasche zog der Kläger in der Nacht vom 25./26. Juli nach einem Herrenabend beim deutschen Generalkonsul in San Francisco in der 49 Marccia Avenue in das Negerviertel hinter der Market Street. Dort landete er schließlich in einer Prostituierten-Kneipe billigster Art. Gegen 2 Uhr früh besorgte ihm ein schwarzer Zuhälter nach kurzer Rücksprache mit dem Kläger eine Begleiterin. Der Kläger nahm die Negerin in das exklusive Hotel *St. Francis* mit, wo er im ersten Stock eine Eck-Suite bewohnte. Auf der Fahrt zum Hotel wurde er, dessen Bild in den Zeitungen San Franciscos erschienen war, von dem Taxi-Chauffeur erkannt, der ihn fuhr. Anderntags meldete sich dieser Chauffeur beim *San Francisco Examiner* mit der Information, er habe in der Nacht den deutschen Verteidigungsminister zusammen mit einer schwarzen Prostituierten und einem Amerikaner vom Negerviertel zum *St. Francis* gefahren.
In der Hotelhalle des *St. Francis* erregte der Kläger mit seiner Begleiterin Aufsehen. Der Manager des *St. Francis,* der mit seiner 20jährigen Tochter Mimi, einer Debütantin des Jahres 1961, noch an der Bar saß, wurde verständigt, wollte aber keinen Skandal provozieren.
Der Kläger ging mit der Farbigen in sein Appartement und hielt sich dort mit ihr eine knappe Stunde im Schlafzimmer auf.«

Im Schriftsatz werden dann noch peinliche Einzelheiten, die Bezahlung betreffend, beschrieben. Wir wollen darauf verzichten, doch sei fairerweise angemerkt, daß die Kosten dieses Aufenthalts in San Francisco – im Gegensatz zu den Kosten des Besuchs im Jahre 1960 – nicht von der Starfighter-Firma *Lockheed* bestritten wurden, sondern durch das Generalkonsulat der Bundesrepublik, also aus öffentlichen Mitteln, wobei Generalkonsul Dr. Franz Beer über die Höhe der Rechnungen nicht wenig erstaunt gewesen ist.
Kaum war dieser Schriftsatz der 18. Zivilkammer des Landgerichts München I (und dem Strauß-Anwalt Dr. Ossmann) zugegangen, da erklärte CSU-Generalsekretär Anton Jaumann namens der von Franz Josef Strauß geführten Partei:

> »Wir sind erschüttert, über das ungeheuer niedrige Niveau, mit dem hier versucht werden soll, einen verdienstvollen Politiker herabzusetzen und auszuschalten!«

Der CSU-Parteitag und die Wahl des 1. Vorsitzenden standen unmittelbar bevor, und diese Tatsache mag erklären, weshalb sich Franz Josef Strauß von seinen Parteifreunden dazu überreden ließ, wegen der seine Amerika-Reisen betreffenden Passagen des Schriftsatzes eine Privatklage gegen Rudolf Augstein anzustrengen. Er konnte nun behaupten, der Strafrichter werde den Verleumder aburteilen. Andererseits freilich war nun die Prüfung der von den Augstein-Anwälten angebotenen Beweise für die erhobenen Vorwürfe kaum noch zu umgehen.
Doch was er auch mit seiner Privatklage bezweckt haben mag, die Antwort des Privatbeklagten Augstein muß Strauß erheblich aus der Fassung gebracht haben. Denn unter dem 18. Juli 1965 schrieb Rechtsanwalt Dr. Josef Augstein an das – für die Privatklage zuständige – Amtsgericht München 35:

»Für die üble Nachrede wird der Wahrheitsbeweis geführt werden. Der Privatbeklagte hat selbst ein Interesse an der Klärung. Die (Benennung der) Zeugen werde ich in Kürze nachreichen.«

Fortan hatten es der Kläger Strauß und sein Anwalt Dr. Ossmann nicht mehr eilig. Sie drängten nicht mehr auf Klärung, sondern warteten ab. Und die Justiz ließ sich Zeit. So ging es bis zum Donnerstag, dem 16. Juni 1966, morgens 8.35 Uhr. Dann kam die Wende: Für diesen Morgen war nämlich vom Amtsgericht ein ungewöhnlich früher Termin anberaumt worden. Um 8.40 Uhr sollte in der Privatklage Strauß gegen Augstein der erste Zeuge vernommen werden. Fünf Minuten vorher aber erhob sich Strauß-Anwalt Dr. Ossmann und teilte dem verdutzten Vernehmungsrichter kühl und sachlich mit, sein Mandant, Franz Josef Strauß, wolle die Sache vereinfachen:

Sämtliche Punkte, die sich auf die Ausgaben der Firma *Lockheed* für den Minister Strauß bezogen, wolle der Herr CSU-Vorsitzende nicht länger zum Gegenstand seiner Privatklage machen. Strauß habe auch nicht mehr das Gefühl, daß das Intermezzo mit der schwarzhäutigen Dame, die Parties in *Rickey's Studio Inn* oder in Seattle seiner Ehre als Politiker so abträglich seien, daß sie unbedingt geklärt werden müßten.

Nur wegen dreier, vergleichsweise harmloser Punkte wolle Strauß seine Klage aufrechterhalten. Einer dieser drei Punkte betraf die Behauptung, es sei Herr Jahn, Unternehmer der ›Wienerwald-Brathendl-Stationen‹ gewesen, der Franz Josef Strauß in New York mit einer Dame versorgt habe. Das war um so erstaunlicher, als die Augstein-Anwälte schon am 9. April 1965, also noch vor Erhebung der Privatklage, sich in bezug auf Herrn Jahn berichtigt hatten.

Die Zurücknahme der Privatklage in allen wichtigen Punkten und insbesondere in solchen, die die Bezie-

hungen zwischen Strauß und der Firma *Lockheed* in einem seltsamen Licht erscheinen ließen, konnte nichts anderes bedeuten, als daß in der Öffentlichkeit der Eindruck entstehen mußte, Strauß gebe die Wahrheit der aufgestellten Behauptungen zu.
Indessen: Dieser Eindruck entstand in der Öffentlichkeit nicht. Es entstand gar kein Eindruck – aus dem einfachen Grunde, weil die Öffentlichkeit gar nichts von dieser Prozeßentwicklung erfuhr. Sie war von dem Termin ausgeschlossen gewesen ...
Was aber mochte Franz Josef Strauß bewogen haben, seine Klage in allen gravierenden Punkten zurückzuziehen? Vielleicht die Tatsache, daß vor der Tür des Amtsgerichtssaales ein Zeuge wartete, der all das, was über die ›Aufmerksamkeiten‹ der Firma *Loockheed* für den Starfighter-Käufer Strauß behauptet worden war, aus eigenem Wissen hätte bestätigen müssen. Jener Zeuge war niemand anders als ein alter Duzfreund des Ex-Verteidigungsministers Strauß aus einer Zeit, als dieser sich noch schlicht ›Franz‹ nannte und noch nicht einmal Landrat in Schongau geworden war. Sein Name: *Ernest F. Hauser.* Hauser war 1945 als Führer einer ›Military Intelligence‹-Einheit der US Army nach Bayern gekommen, unter anderem auch nach Schongau, und dort hatte er Franz Josef Strauß kennen- und schätzengelernt. Die beiden wurden unzertrennlich – wodurch und unter welchen besonderen Umständen, das steht auf einem anderen Blatt und soll hier nicht erörtert werden.
Strauß und Hauser blieben auch in Verbindung, nachdem Hauser Deutschland verlassen hatte und in anderen Weltteilen Dienst tat. Diese erweislich wahre Behauptung wird von Strauß mit großem Nachdruck bestritten:
In einer Zuschrift an die *Frankfurter Rundschau* vom 29. März 1966 erklärte Franz Josef Strauß, er habe

»Herrn Hauser erst im Laufe des Jahres 1961 in Amerika durch Zufall wiedergesehen« und bis dahin **»überhaupt keine Verbindung oder sonst irgendwelche Beziehungen zu ihm«** gehabt. Er habe nicht einmal gewußt, **»wo er** (Hauser) **sich aufhält«.**

Warum bestritt Strauß so energisch, mit seinem alten Freund Hauser zwischenzeitlich Kontakt gehalten zu haben – eine Tatsache, die sich sogar dokumentarisch beweisen ließe –, und warum will er Hauser **»erst im Laufe des Jahres 1961 durch Zufall wiedergesehen«** haben, obwohl feststeht, daß dieses Treffen verabredet gewesen war?

Legte Strauß etwa besonderen Wert darauf, jede noch so vage Vermutung zu widerlegen, seine alte Freundschaft mit Hauser könnte irgend etwas mit den Merkwürdigkeiten des Starfighter-Kaufs zu tun haben? Konnte denn solche Vermutung überhaupt aufkommen? Nun, der Leser urteile selber:

Unter dem Datum vom 16. Juni 1961 schrieb der damalige Bundesminister der Verteidigung Franz Josef Strauß an seinen Freund Ernest F. Hauser folgenden Brief:

> **»Ich habe Herrn Robert Gross einen Brief geschrieben, den ich in Abschrift diesem Brief beifüge. Hoffentlich hat mein Schreiben den erhofften Erfolg. Du müßtest Dich also jetzt unter Berufung auf meine Intervention an Robert Gross wenden und ihn um eine Gelegenheit für eine Unterhaltung bitten. Ich hoffe auf ein Wiedersehen in Kalifornien und bin mit vielen Grüßen – auch von meiner Frau – Dein F. J. Strauß.«**

Nun braucht man nur noch zu wissen, daß der erwähnte Robert Gross damals der Aufsichtsrats-Vorsitzende der Firma *Lockheed* war, und daß sein Bruder, Courtlandt Gross, der dem Flugzeugbauunternehmen als Generaldirektor vorstand, den Spezi des Großkunden natürlich sofort einstellte.

Schon am 5. August 1961 konnte Franz Josef Strauß an Ernest Hauser schreiben:

> **»Lieber Ernst! Ich möchte Dir nochmals für die schöne, leider viel zu kurze Zeit, die ich während meines Aufenthalts in Kalifornien mit Dir zusammen sein konnte, danken.**
> **Nun hoffe ich auch, daß Dein Wunsch, nach Deutschland zu kommen, endgültig in Erfüllung geht. In New York erreichte mich die Mitteilung von Courtlandt Gross, daß Lockheed Dich nun fest eingestellt hat und nach einer Einweisung, die in Deinem Interesse recht gründlich sein sollte, nach Koblenz schicken wird.**
> **Ich freue mich schon jetzt auf das Wiedersehen in Bonn.**
> **Viele herzliche Grüße**
> **Dein F. J. Strauß.«**

Soweit die Dokumentation von Bernt Engelmann.
Ergänzend sei hinzugefügt, daß der Lockheed-Repräsentant Ernest F. Hauser während der vom Bundesrechnungshof so hart gerügten Zeit fortgesetzter Pannen im ›Starfighter‹-Programm einerseits die Lieferfirma der F-104 G gegenüber dem Bundesverteidigungsministerium vertrat, andererseits enge private Beziehungen zu Minister Strauß unterhielt. So übernahm Minister Strauß beispielsweise die Patenschaft des am 9. Mai 1963 zu Bonn-Plittersdorf getauften Kindes von Ernest F. Hauser, das die Namen Ernst Alfred Franz Josef erhielt.
Ernest F. Hauser, der nach dem Rücktritt des Verteidigungsministers Strauß schon bald seine Bonner Tätigkeit für Lockheed aufgab und dann andere Rüstungslieferanten vertrat, kam bald mit dem Gesetz in Konflikt. Von der 1. Strafkammer des LG-Bonn wurde Hauser wegen fortgesetzter Untreue in Tateinheit mit Urkundenfälschung und Urkundenvernichtung zu einem Jahr Freiheitsstrafe auf Bewährung und 500 DM Geldstrafe verurteilt.

Wir erwähnen dies, weil der Fall Hauser, wie noch dargelegt werden wird, in gewisser Weise typisch ist für den von Dr. h. c. Strauß, auch während seiner Amtszeiten als Minister und als Oberbefehlshaber der Bundeswehr, bevorzugten – halb dienstlichen, halb privaten – Umgang mit zwielichtigen, mit dem Ruch der Korruption behafteten Personen.

In einer Leserzuschrift an die *Frankfurter Rundschau* vom 9. 3. 1966 ging Strauß auf Veröffentlichungen der Zeitschrift *deutsches panorama* ein, die von der *FR* auszugsweise nachgedruckt worden waren. Er bestritt, daß Ernest F. Hauser Mitglied des CIC gewesen wäre. Er behauptete, den »Besatzungsoffizier« Hauser im Oktober 1945 als stellvertretender Landrat kennengelernt, dann bis zu einem zufälligen Treffen in Amerika im Jahre 1961 keinerlei Verbindung oder Beziehung zu ihm gehabt zu haben. Er bezeichnete Hauser als »kleinen Angestellten bei der deutschen Vertretung einer amerikanischen Firma«, der keinerlei Einfluß auf die Gestaltung des Starfighter-Auftrags und dessen Abwicklung hätte nehmen können.

Die Zeitschrift *deutsches panorama* stellte in ihrer Ausgabe 4/66 vom April 1966 dazu fest:

»Laut Dokument AG 300.4-GNMCF des Hauptquartiers der 3. US Army, Feldpostnummer 403, war der damalige First Lieutenant Ernest F. Hauser, Stammrollennummer 01039671 AUS, im Jahre 1945 Offizier im ›Military Intelligence Service‹ (Militärischer Nachrichtendienst) des Hauptquartiers USFET (Rear) und Chef der in Schongau stationierten Abteilung des Geheimdienstes. Mit der gleichen Exaktheit läßt sich auch alles übrige nachweisen, was wir über Hausers Wirken in Schongau geschrieben haben.«

Zu den übrigen Behauptungen des Ministers Strauß schrieb *deutsches panorama:*

»1. Es besteht in den Jahren zwischen Hausers Weggang von Schongau und dem angeblich zufälligen

Wiedersehen in Amerika ein ständiger, wenn auch lockerer Kontakt zwischen Hauser und Strauß.

2. Das Treffen in Amerika fand nicht zufällig statt; es war verabredet worden.
3. Im Frühsommer 1960, als Strauß angeblich zu Hauser noch keinerlei Kontakt wieder hatte, empfahl er ihn dem Lockheed-Präsidenten Robert Gross für den Posten in Bonn (was in Anbetracht des Starfighter-Auftrags fast einem Diktat gleichkam). Aber schon im Frühjahr 1960 hatte er Hauser einer deutschen Dienststelle empfohlen.
4. Der von Strauß als ›kleiner Angestellter‹ ohne Einfluß abgetane Hauser hatte übrigens als Lockheed-Verbindungsmann in Bonn und Koblenz Jahresbezüge von rund 17 000 Dollar netto, was einem Bruttojahresgehalt von etwa 100 000 DM entspricht – nicht eben wenig für einen ›kleinen Angestellten‹!
5. Der Minister pflegte mit dem ›kleinen Angestellten‹ ungewöhnlich freundschaftlichen Umgang – auch in Bonn. Diese Freundschaft läßt sich dokumentieren, beispielsweise bei dem Düsseldorfer Bankhaus Marx, Poensgen & Co., unter Zuhilfenahme des ›Sonderkonto II CSU‹, Nr. 12 010. Verfügungsberechtigt: Franz Strauß.«

3. Verhalten als Oberster Befehlshaber der Bundeswehr

Während der Amtszeit des Dr. h. c. Strauß als Bundesminister der Verteidigung und damit auch Oberbefehlshaber der Bundeswehr bestand nur einmal die ernste Gefahr eines bewaffneten Konflikts zwischen den Weltmächten, in den dann ohne Zweifel auch die Bundesrepublik verwickelt worden wäre. Es war dies die sogenannte

›Kuba-Krise‹ vom Oktober 1962. Die Spannungen zwischen den USA und der Sowjetunion wegen der Errichtung sowjetischer Raketenabschußrampen auf Kuba erreichten ihren Höhepunkt in der Nacht vom 24. zum 25. Oktober, als sich sowjetische Frachter mit Raketen für Kuba an Bord mit Volldampf dem Blockadering der Amerikaner näherten. Während in aller Welt um den Frieden gebangt, für die Streitkräfte erhöhte Alarmbereitschaft angeordnet und in Bonn beschlossen wurde, die Notstandsgesetze zumindest im Kabinett eiligst zu beraten, sprach der Oberbefehlshaber der Bundeswehr, Verteidigungsminister Strauß, bei einem Empfang auf Schloß Brühl den dort angebotenen alkoholischen Getränken zu.
Zunächst nur angetrunken, begnügte sich Minister Strauß mit groben Anrempeleien der anwesenden sozialdemokratischen Parlamentarier. Als er dann – in Gegenwart des damaligen Bundestagspräsidenten Dr. Eugen Gerstenmaier – heftige Verunglimpfungen des heutigen Bundesministers der Justiz, Dr. Gerhard Jahn, aussprach und erklärte, **»so etwas«** wie Jahn **»gehöre aufgehängt«**, verließ der Bundestagspräsident demonstrativ den Tisch. Minister Strauß setzte das Trinkgelage fort bis in die frühen Morgenstunden und wurde dann in einem Gebüsch des Schloßgartens besinnungslos betrunken und in erbärmlichem Zustand aufgefunden. Von Angestellten nach Hause geschafft – seine Ehefrau hatte sich schon Stunden zuvor allein nach Hause bringen lassen –, ließ der Minister anderen Tags erklären, er hätte einen leichten Schwächeanfall erlitten.
Dazu bemerkte Henri Nannen im *stern:*
»Wer also nach Empfängen einen Minister sucht und findet ihn im Garten, wo er sich unter den Büschen erbricht, der muß wissen, daß es sich dabei nicht um Trunkenheit, sondern um Schwäche handelt.«

Der Fall des Oberstleutnants Barth

Am 14. September 1961 verflogen sich zwei Jagdbomber des Lechfelder Luftwaffen-Geschwaders – damaliger Kommodore: Oberstleutnant Siegfried Barth – über die Grenze und das Gebiet der DDR und landeten dann in Berlin-Tegel. Einen Tag danach, nach einer nächtlichen Besprechung mit dem Luftwaffen-Inspekteur General Kammhuber in einem Münchener Hotel, befahl Bundesverteidigungsminister Strauß die sofortige Ablösung und anderweitige Verwendung des Kommodore Barth.

Am 16. September verlas General Kammhuber diesen Befehl, der ohne jede Untersuchung der Schuldfrage ausgesprochen worden war, vor den versammelten Generalen, Kommandeuren und Kommodores der Luftwaffe. Barth wurde zum Luftwaffenamt versetzt; die feierliche Übergabe des Geschwaders an seinen Nachfolger wurde durch einen weiteren Befehl verboten, seine zum 1. Oktober vorgesehene Beförderung zum Oberst unterblieb.

Oberstleutnant Barth ersuchte daraufhin den Bundesminister der Verteidigung, gegen ihn ein Disziplinarverfahren wegen Dienstpflichtverletzung einzuleiten. Minister Strauß gab keine Antwort; eine Untersuchung des Tegel-Flugs hatte die Unschuld des Geschwader-Kommodores ergeben. Deshalb beschwerte sich nunmehr Oberstleutnant Barth beim Wehrdienstsenat des Bundesdisziplinarhofs, dem höchsten Truppengericht, über Minister Strauß wegen Dienststellen- und Ehrminderung.

Am 20. Dezember 1961 verhandelte der Wehrdienstsenat in München über Barths Beschwerde. Als Zeugen waren geladen: die Generäle Kammhuber, Harlinghausen, Panitzki und Streib sowie Oberst Krupinski und Oberstleutnant Grasemann. Sie konnten jedoch – ein einmaliger Fall in der deutschen Militärgeschichte – nicht vernommen werden. Minister Strauß hatte seinen Staatssekretär Hopf entsandt, und dieser verkündete vor dem Senat, den Zeugen werde vom Minister die Aussagegenehmigung verweigert. Der Senat beriet und beschloß, er müsse die Zeugen hören, zumal sich die Beschwerde ja gerade gegen den Minister richte. Darauf drohte Hopf im Auftrage des Ministers, er werde den Zeugen dienstlich befehlen, nicht auszusagen. Um den Zeugen den Konflikt zu ersparen, verzichtete der Senat schließlich auf die Anhörung. Am 12. Februar 1962 fällten die Richter das Urteil: Der Beschwerde des Oberstleutnants Barth wird stattgegeben. Seine Rehabilitierung ist sämtlichen Kommandeuren der Bundesluftwaffe zu verkünden.

Minister Strauß, der laut Dienstvorschrift verpflichtet war, Disziplinarsachen beschleunigt zu behandeln, kam dem Auftrag des höchsten Truppengerichts erst nach fast drei Monaten und auf energische Vorstellungen des Wehrbeauftragten hin nach. Doch damit war der Beschluß des Senats nur in einem einzigen Punkt vollzogen. Die Wiedergutmachung für Barth blieb zunächst weiter unerledigt.

Minister Strauß ging so weit, am 12. Mai 1963, nachdem die Presse den Fall aufgegriffen hatte, im Verteidigungsausschuß des Bundestages – in Verletzung der Geheimhaltungspflicht, die der Senat allen Beteiligten ausdrücklich auferlegt hatte – sinnentstellend ausgewählte Bruchstücke des Urteils zu verlesen, sich dann bescheinigen zu lassen, daß er »völlig korrekt« gehandelt habe und schließlich auch noch das Protokoll der Ausschußsitzung in seinem Ministerium »ergänzen« zu lassen, ehe es in Druck ging.

Er ließ alsdann eine wissentlich falsche Darstellung des Falles Barth im amtlichen Bulletin der Bundesregierung veröffentlichen.

Erst unter massivem Druck des Parlaments und der von der Presse alarmierten Öffentlichkeit sowie nachdem Oberstleutnant Barth Klage auf Erfüllung des Münchener Senatsbeschlusses und auf Schadenersatz wegen öffentlicher Ehrenkränkung angedroht hatte, ließ sich Minister Strauß herbei, dem Beschluß des höchsten Truppengerichts nachzukommen.

Es blieb noch die Frage der Kosten zu klären. Minister Dr. h. c. Strauß weigerte sich zunächst, selbst zu zahlen. Er erklärte schließlich – wie unwidersprochen veröffentlicht werden konnte –: **»Gut, ich bezahle alles, notfalls aus der Parteikasse der CSU.«**

Der Vorgesetzte Strauß

Am 28. April 1958 verlangte Minister Strauß als Oberbefehlshaber der Bundeswehr **»vorbildliche Haltung«** eines jeden Vorgesetzten **»im Dienst wie auch außerdienstlich«**.

Am 29. April 1958 gab der Minister seinem Fahrer Leonhard Kaiser Anweisung, sich an die Verkehrszeichen des Polizeihauptwachtmeisters Hahlbohm, der an der Kreuzung neben dem Eingang zum Bundeskanzleramt Dienst tat, nicht zu halten. Es kam dabei, als der Ministerwagen die nicht freigegebene Kreuzung überquerte, beinahe zu einem Zusammenstoß mit einer vollbesetzten Straßenbahn. Auf der Rückfahrt ließ Strauß seinen Fahrer bei dem Verkehrspolizisten halten und fragte diesen, ob er gegen Kaiser Anzeige erstatten werde. Der Polizeibeamte bejahte dies. Darauf Minister Strauß: **»Geben Sie mir Ihren Namen. Ich werde dafür sorgen, daß Sie von der Kreuzung verschwinden.«** (Zitiert nach gleichlautenden Meldungen in fast der gesamten Presse der Bundesrepublik, u. a. im Nachrichtenmagazin *Der Spiegel* vom 3. 9. 1958.)

Im weiteren Verlauf der Angelegenheit verlangte Minister Strauß zunächst vom Bonner Polizeipräsidenten Dr. Degenthoff die Entfernung des Hauptwachtmeisters Hahlbohm von seinem Posten, wandte sich dann sogar mit einer Dienstaufsichtsbeschwerde an den neuen Innenminister von Nordrhein-Westfalen, Dr. Dufhues (CDU), worin es hieß:

»Ich muß verlangen, daß der Beamte nicht nur gemaß-

regelt, sondern in Zukunft auch nicht mehr als Verkehrspolizist in Bonn verwendet wird. Ich kann mir das Verhalten des Beamten eigentlich nur aus einer gehässigen Einstellung heraus erklären, die ich in manchen Fällen bei Polizeibeamten des Landes Nordrhein-Westfalen und während der Regierungszeit des Kabinetts Steinhoff und unter Amtsführung des Innenministers Biernath habe beobachten müssen! [...] Ich bitte um eine scharfe Untersuchung und um ein strenges Eingreifen.«

Aber Innenminister Dr. Dufhues wies die Beschwerde ab, da der Beamte pflichtgemäß gehandelt hatte. Als dies öffentlich bekannt wurde (und in diesem Zusammenhang auch das Strafregister des Ministerfahrers Kaiser), stellte Strauß Strafantrag gegen Polizeihauptwachtmeister Hahlbohm wegen Verletzung der Amtsverschwiegenheit. Die Verhandlung gegen den Polizeibeamten vor dem Landgericht Bonn ergab, daß Hahlbohm keine Amtsgeheimnisse verraten hatte; er wurde auf Kosten der Staatskasse freigesprochen.

Mit Datum vom 13. August 1959 gab Minister Strauß folgenden fernschriftlichen Befehl:

»An alle Kommandeure.

Betrifft: Kraftfahrzeugunfälle in der Bundeswehr.

Verlange beispielhaftes Verhalten im Straßenverkehr und strenge Bestrafung bei Verkehrsdelikten. Anordne strenge Auslese bei der Auswahl des Fahrpersonals. Wiederholte, auch leichtere Verkehrsverstöße können auf charakterliche Mängel schließen lassen.«

Der ständige Fahrer des Bundesverteidigungsministers, Leonhard Kaiser, dessen Vorstrafen Strauß spätestens seit der Dienstaufsichtsbeschwerde gegen Polizeihauptwachtmeister Hahlbohm bekannt waren, wurde von ihm weiterbeschäftigt, obwohl Kaiser wegen Verkehrsdelikten verschiedenster Art in den Jahren zwischen 1948 und 1949 fünfmal gerichtlich bestraft worden war, außerdem 1944

eine Gefängnisstrafe wegen militärischen Diebstahls und unerlaubter Entfernung von der Truppe erhalten hatte.
In der Nacht vom 7./8. Mai 1962 verursachte Kaiser durch Nichtbeachtung der Vorfahrt und Überschreitung der vorgeschriebenen Höchstgeschwindigkeit einen schweren Verkehrsunfall; drei Personen wurden dabei erheblich verletzt. Er wurde von Minister Strauß trotzdem weiterbeschäftigt. Erst als er bald darauf, diesmal wegen Verkehrsgefährdung und Bedrohung des Fahrers eines von ihm verkehrswidrig überholten Fahrzeugs mit der Dienstpistole, wieder angezeigt und verurteilt wurde, ordnete Strauß Kaisers Versetzung zu einer Bundeswehrdienststelle in München an. Bei Besuchen in München forderte der Minister auch weiterhin regelmäßig Kaiser als Fahrer an.

Fälle, die den Verdacht auf Begünstigung im Amt begründen

a) Der Fall des Dr. Dr. Aloys Brandenstein

Dieser Fall – bekannt als ›Onkel Aloys‹-Affäre – ist ausführlich dargestellt worden in dem 1963 erschienenen Buch von Bernt Engelmann, ›Meine Freunde, die Millionäre‹. Bemerkt sei, daß dieses Buch beim Schneekluth Verlag, München, 1967 bereits die 10. Auflage erreicht hatte, als dtv-Taschenbuch gegenwärtig im 165. Tausend erscheint, in mehrere Sprachen übersetzt und zudem als Sonderausgabe des Deutschen Bücherbundes herausgebracht wurde, ohne daß von seiten der an der Affäre unmittelbar Beteiligten – des Ehepaars Strauß, des inzwischen verstorbenen Dr. Dr. Brandenstein, des Generals Becker oder des Industriellen Carl Diehl – je eine Beanstandung bei dem Autor oder seinen Verlegern vorgebracht, geschweige denn gegen die Darstellung gerichtlich vorgegangen worden wäre.

Nach der in dem zitierten Buch faksimiliert wiedergegebenen Abschrift einer Erklärung, deren Übereinstimmung mit der Urschrift mit Dienstsiegel des Bundesministers für Verteidigung und durch Unterschrift des damaligen Strauß-Adjutanten Repenning beglaubigt ist, hat Dr. Dr. Aloys Brandenstein am 6. Februar 1961 erklärt:

»1. Ich, Dr. Aloys Brandenstein, von Beruf Chemiker und Volkswirt, wohnhaft in Bad Godesberg, habe im Jahre 1952 den mir nach dem Krieg noch verbliebenen Betrieb, die Maschinenfabrik Bad Aibling, Inhaber Dr. Aloys Brandenstein, aufgelöst und verkauft und bin nach Frankfurt/Main übergesiedelt.

2. Ich erkläre hiermit, daß ich mich in meiner größten Notlage in den Jahren nach 1954 an die Familie Konsul Dr. Max Zwicknagl mehrfach gewandt habe mit der Bitte, mir durch gute Referenzen und Leumundszeugnisse bei dem Neuaufbau einer Existenz behilflich zu sein, was auch durch Befürwortung bei verschiedenen Stellen geschah. Ich kenne die Familie Dr. Zwicknagl aus der Zeit nach dem Kriege, als Herr Dr. Zwicknagl Landtagsabgeordneter war.

3. Ich stelle gleichzeitig fest, daß ich weder zu Familie Zwicknagl noch zu Familie Strauß in irgendwelchen verwandtschaftlichen Beziehungen stehe. Ich bin verschiedentlich auf eine angebliche Verwandtschaft mit diesen Familien angesprochen worden. Ich habe diesen Irrtum aber stets unverzüglich richtiggestellt.

4. Dank meiner vieljährigen internationalen Erfahrungen zu Industrie und Behörden und meiner guten früheren Beziehungen und vor allem dank meiner Grundkenntnisse habe ich mir meine heutige Existenz in der bestehenden Form geschaffen.

5. Ich sehe es als meine Verpflichtung an, allen Behauptungen entgegenzutreten, ich sei von irgend

jemandem irgendwie protegiert worden, resp. man habe irgendwelche Amtshandlungen zu meinen Gunsten begangen. Dies stelle ich mit besonderem Nachdruck hinsichtlich der Person und der Familien von Konsul Dr. Zwicknagl und Bundesminister Strauß fest. Gerüchte, nach denen ich z.B. von Bundesminister Strauß in dessen Flugzeug nach Portugal oder anderswohin mitgenommen wurde, sind frei erfunden.

6. Ich möchte ausdrücklich betonen, daß selbstverständlich weder Familie Dr. Zwicknagl noch Familie Strauß an meinen Geschäften in irgendwelcher Form beteiligt sind, waren oder sein werden oder von mir irgendwelche Zuwendungen resp. materielle Vorteile erhalten haben bzw. erhalten werden.

gez. Dr. Aloys Brandenstein.«

Tatsache ist, daß Dr. Dr. Brandenstein, der während des Krieges in der Rüstungsproduktion unternehmerisch tätig gewesen war, nach dem Krieg seine Maschinenfabrik in Bad Aibling hatte veräußern müssen. Damals schloß er Freundschaft mit der Familie des im nahen Rott am Inn lebenden Brauereibesitzers und CSU-Landtagsabgeordneten Dr. Zwicknagl. Dessen Töchter, von denen die eine, Marianne, 1957 den Bundesminister Strauß ehelichte, nannten Dr. Dr. Brandenstein ›Onkel Aloys‹. In den Jahren 1954 bis 1958 befand sich Dr. Dr. Brandenstein in großer wirtschaftlicher Not; er bewohnte eine Zweieinhalbzimmerwohnung in Frankfurt/Main und hatte erhebliche Schulden. Nachdem er sich an Familie Strauß mit der Bitte um Hilfe gewandt hatte und aufgefordert worden war, nach Bonn zu kommen, mußte er sich selbst die bescheidene Summe, die für die Reise von Frankfurt/Main nach Bonn erforderlich war, von Bekannten borgen.

Unmittelbar nach dem Besuch in Bonn, wo er auf Empfehlung des Ehepaars Strauß Gespräche mit Oberst Bekker vom Bundesverteidigungsministerium hatte führen können, verbesserte sich die wirtschaftliche Lage Dr. Dr. Brandensteins: Er konnte seine Schulden bezahlen, zog aus der kleinen Mietwohnung in Frankfurt in eine Villa in Remscheid um, wurde dort Generalbevollmächtigter der Panzerkettenfabrik Backhaus KG mit einem Gehalt von monatlich 7500 DM, freier Wohnung, Dienstwagen mit Chauffeur und Vertrauensspesen.

Die Anstellung des Dr. Dr. Brandenstein war auf Betreiben des Obersten Becker erfolgt; der Anstellungsvertrag war vorher aufgesetzt worden und wurde dem Inhaber der Backhaus KG, Erwin Backhaus senior, zur Unterschrift vorgelegt von dem Vertreter eines seiner Hauptgläubiger, dem Kaufmann Christian Steinrücke, mit dem Oberst Becker die Einzelheiten vorher abgesprochen hatte. Erwähnung verdient, daß die Backhaus KG auf ihren einzigen Großkunden, die Bundeswehr, völlig angewiesen war; daß Strafverfahren gegen Mitglieder der Familie Backhaus schwebten, und zwar in Zusammenhang mit den Bundeswehrlieferungen des Werks, und daß schließlich in den geschäftlichen Beziehungen zwischen der Backhaus KG und dem Beschaffungsamt der Bundeswehr erhebliche Spannungen bestanden, die die Existenz der Firma gefährdeten.

Nachdem sich mit dem Eintritt des Dr. Dr. Brandenstein in die Firma Backhaus KG deren Auftragslage und Liquidität zunächst sehr verbessert hatten, gingen Anfang 1959 die Bestellungen und Zahlungen der Bundeswehr in so starkem Maße zurück, daß die Familie Backhaus den alten Familienbetrieb zu verkaufen beschloß. Dr. Dr. Brandenstein vermittelte sofort einen Käufer, den Nürnberger Industriellen Carl Diehl, der nach kurzen Verhandlungen die Backhaus KG zum Preise von 7 Millionen DM erwarb. Hierzu ist anzumerken, daß der Diehl-Konzern der Hauptlieferant der Bundeswehr für Granat- und andere Zünder war, sein Inhaber Carl Diehl ein Förderer der CSU und Duzfreund des Ministers Strauß.

Dr. Dr. Brandenstein erhielt für seine Vermittlerdienste eine Kommanditbeteiligung an der Backhaus KG im Nominalwert von 200 000 DM, die im Zeitpunkt ihrer Leistung knapp 1 Million DM wert gewesen sein mag. Dr. Dr. Brandenstein verlegte seine Haupttätigkeit jedoch nun auf das Auslandsgeschäft. Im Juni 1959, wenige Wochen vor dem Verkauf der Backhaus KG an Diehl, hatte er bereits Granaten im Gesamtwert von rund 77 Millionen DM aus Portugal beschafft. Bis Anfang 1961 verdiente er an Beschaffungsaufträgen für die Bundeswehr mehrere Millionen DM, betätigte sich aber zugleich als Beschaffer für die ausländischen Bundeswehrlieferanten, denen er die zur Herstellung des Rüstungsguts erforderlichen Rohstoffe oder Fertigteile aus der Bundesrepublik vermittelte.

Auch der Führungsoffizier, dem er anvertraut worden war, Oberst Becker, konnte sich nicht beklagen,

heißt es hierzu in dem eingangs zitierten Werk von Bernt Engelmann.

Etwa zur gleichen Zeit setzte sich sein Dienstherr (Minister Dr. h. c. Strauß) über das ausdrückliche Verbot des Parlaments hinweg und schuf für den Vater des Portugalgeschäfts ein neues, eigenes Ressort, gegen den heftigen Widerspruch der dafür in ihren Kompetenzen beschnittenen Beamten und Militärs: eine dritte Unterabteilung, speziell für Beschaffung, in der Abteilung Wehrwirtschaft. Oberst Becker bekam damit die Planstelle eines Generals, und während der von ihm betreute ›Onkel Aloys‹ seine Geschäfte auf weitere Länder und Rüstungsgüter ausdehnte und die Bundeswehr gegen angemessene Provisionen mit Fallschirmen, Uniformen, Patronen, Granaten, Panzerketten, Panzerfäusten und vielerlei sonstigem aus dem In- und Ausland belieferte, überwand Franz Josef Strauß auch den Widerstand des Chefs der Personalabteilung seines Ministeriums, General Hansen, der sich mit [...] der Begründung, ein Verbot des Parlaments dürfe nicht einfach mißachtet werden, gegen Beckers wachsende Macht sträubte. Schließlich wurde Hansen zur Truppe versetzt. Ein neuer Personalchef wurde ernannt, und noch im selben Jahr erhielt Oberst Becker den ihm aus bloßer Rücksicht auf die Weisungen der Volksvertretung so lange vorenthaltenen Lohn: Er wurde zum General befördert.

(Hierzu ist anzumerken, daß der 1955 vom Bundestag eingesetzte Personalgutachterausschuß den ehemaligen Feuerwerker Becker nur für die Offizierslaufbahn zugelassen hatte unter der Bedingung, daß er den Rang eines Obersten nicht überschreiten dürfe und auf sein Spezialgebiet der amerikanischen Materiallieferungen beschränkt bleiben müsse.)

Dr. Dr. Brandenstein, inzwischen Eigentümer eines Einfamilienhauses in Bad Godesberg, Stadtwall 34, erwarb um diese Zeit eine Besitzung in der Schweiz, und zwar in Ober-Ägeri am Ägeri-See. Dorthin zog er sich zurück kurz nach der Abgabe der eingangs im vollen Wortlaut wiedergegebenen Erklärung, nachdem er »mit Wirkung vom 31. Januar 1951« aus der Backhaus KG als Kommanditist ausgeschieden war. Ebenfalls im Februar 1961 teilte Minister Strauß dem Vorsitzenden des Verteidigungsausschusses des Bundestags, Dr. Friedrich Zimmermann, schriftlich mit, er habe den zuständigen Abteilungen seines Ministeriums wie auch dem Beschaffungsamt Weisung erteilt, Dr. Aloys Brandenstein nicht mehr als Verhandlungspartner zu akzeptieren; Brandenstein wäre der Behauptung, er hätte verwandtschaftliche Verbindung zur Familie Strauß, nicht energisch genug entgegengetreten.

Das Originalschreiben des Ministers an den Ausschußvorsitzenden Dr. Zimmermann übergab dieser, zusammen mit der vom Adjutanten des Ministers beglaubigten Abschrift der Erklärung Dr. Dr. Brandensteins, Ende Februar 1961 dem Publizisten Bernt Engelmann »zur gefälligen Verwendung«. Gleichzeitig teilte er Engelmann mit, Dr. Brandenstein wäre aus der Backhaus KG ausgeschieden.

Alle diese Maßnahmen, zusammen mit der Übersiedlung Dr. Dr. Brandensteins in die Schweiz, sollten verhindern, daß Engelmann, damals noch Redakteur des Nachrichtenmagazins *Der Spiegel*, seine über die Geschäfte des ›Onkel Aloys‹ gesammelten Informationen veröffentlichte.

Tatsächlich publizierte *Der Spiegel* die Affäre unter dem Titel ›Onkel Aloys‹ am 26. September 1962, zitierte darin auch Dr. Dr. Brandenstein, der sich seiner der Familie Strauß erwiesenen Gefälligkeiten

(»Dem Mariandl besorge ich jetzt ein Grundstück an der Riviera, im Auftrag natürlich!«)

Bekannten und Unbekannten gegenüber rühmte, und stellte – in einem ›Lieber Spiegelleser!‹ betitelten Kasten neben dem Artikel – die Frage,

»ob ein Mann Rüstungsminister bleiben soll, dessen CSU-parteiliche Verfilzung ihm zu unbelasteter Entscheidungsfreiheit kaum noch Luft läßt [...] ob der Rüstungsetat von demnächst nahezu 20 Milliarden Mark weiterhin in den Händen eines Mannes bleiben kann, der CSU-Spezis und abgebrannte Hausfreunde zu Millionären avancieren läßt, der zwischen Partei und Staat nicht zu unterscheiden weiß und der persönlich den bösen Schein nicht meidet.«

b) Der Fall des Dr. Peter Deeg

Die italienischen Simmel-Werke und ihr Generaldirektor Viola hatten sich 1956 monatelang vergeblich bemüht, mit dem Bundesverteidigungsministerium wegen Granatenlieferungen ins Gespräch zu kommen. Am 26. November 1956 vermittelte ihnen der Leiter des Bundesrats-Stenografenbüros, Dr. Kübel, die Bekanntschaft des Rechtsanwalts Dr. Peter Deeg.

Dr. Deeg war während der nationalsozialistischen Gewaltherrschaft als Freund und Mitarbeiter des Gauleiters Julius Streicher Verfasser verschiedener antisemitischer Schriften gewesen. Dann wurde er wegen betrügerischer Manipulationen zum Nachteil des *Stürmer*-Verlags mit Gefängnis bestraft. Seine Bewerbung auf Aufnahme in die NSDAP wurde wegen »charakterlicher Unzuverlässigkeit« abgelehnt; seine Anträge auf Aufnahme in die Anwaltskammer scheiterten an seiner Vorstrafe. Erst nach 1945 konnte Dr. Deeg, nachdem er Mitglied der CSU geworden war, seine Zulassung als Rechtsanwalt und die Aufnahme in die Kammer erreichen. Dabei war ihm von großem Nutzen, daß er zu den engen Vertrauten und Duzfreunden des CSU-Generalsekretärs und Bundestagsabgeordneten Strauß zählte. 1952 erhielt Dr. Deeg einen Auftrag vom damaligen stellvertretenden Landesvorsitzenden der bayerischen CSU, Dr. Weiß, der Oberbürgermeister von Bad Kissingen war. Dr. Deeg sollte im Auftrag der Stadt Verhandlungen mit einem Bewerber um die Konzession für eine in Bad Kissingen zu errichtende Spielbank führen. Dieser Bewerber, Simon Gembicki, der sich dann gegen alle anderen Interessenten durchsetzen und die begehrte Konzession erhalten konnte, zahlte dafür – nach nicht dementierten Zeitungsberichten – an Dr. Deeg, den Anwalt der Stadt, 20 000 DM und beauftragte ihn dann mit der Wahrnehmung seiner, Gembickis, Interessen. Dr. Deeg betätigte sich dann auch als Grundstücksmakler und verkaufte dem Fiskus ein Gelände, das das Bundesverteidigungsministerium zu benötigen behauptete, zum rund Dreifachen des drei Jahre zuvor dafür erlegten Preises und einem Gewinn von mehr als 1 Million DM.

Nachdem Dr. Deeg durch Vermittlung des Dr. Kübel mit den Repräsentanten der italienischen Simmel-Werke bekannt geworden war, verschaffte er gegen hohe Provision und binnen kürzester Frist den Italienern die begehrten Bundeswehraufträge. Er berief sich dabei gegenüber dem Bundeswehr-Beschaffungsamt auf seine enge Freundschaft mit Minister Strauß, und als ihm dennoch der Auftrag nicht sofort erteilt werden sollte, intervenierte tatsächlich das Bundesverteidigungsministerium, vertreten durch Oberst Becker, zu seinen Gunsten. Nach – wiederum undementierten – Presseberichten soll Dr. Deeg, außer Anwaltshonoraren von zirka 50 000 DM, rund 30 000 DM an Provision erhalten haben.

Eine parlamentarische Anfrage, »private Vermittlungsagenten« und deren Provisionen bei einem Auftrag auf Lieferung von Granaten aus Italien betreffend, beantwortete der Bundesminister Strauß am 13. Juli 1961 dahingehend, daß es **»der Bundesregierung nicht bekannt«** sei, ob italienische Firmen erhebliche Summen an private deutsche Vermittler gezahlt hätten.

c) Die FIBAG-Affäre

Im Jahre 1959 wollten die amerikanischen Streitkräfte ein sogenanntes ›Housing (= Wohnungsbau) Project‹ durchführen. Es umfaßte einen Bedarf von rund 5500 Wohnungen im Gesamtwert von rund 300 Millionen DM. Das Projekt sollte von amerikanischer Seite teilweise vorfinanziert, später von deutschen Stellen übernommen werden. Die Verhandlungen wurden zunächst von einem amerikanischen Anwaltsbüro mit der Großbaufirma Heilmann & Littmann geführt, und zwar unter der Aktenbezeichnung ›Rental Guarantee Housing‹. 1960 erhielt indessen die Firma Heilmann & Littmann die Mitteilung, das ›Rental Guarantee Housing‹-Projekt müsse als nicht mehr realisierbar angesehen werden. Der Vorvertrag wurde gelöst; die amerikanischen Anwälte erstatteten die Hälfte des bereits erhaltenen Honorars zurück.

Nunmehr versuchte einer der amerikanischen Anwälte, Bernhard Brach, aus dem gescheiterten Projekt noch Kapital zu schlagen: Es sollte eine Firma gegründet, diese mit Empfehlungen ausgestattet und alsdann dieser ›Mantel‹ an den Meistbietenden verkauft werden. Es fanden sich einige an diesem ›Luftgeschäft‹ Interessierte: Lothar Schloß und Wolfgang Winkel, die sich beide als Kaufleute bezeichneten, sowie der Passauer Verleger Dr. Johann Evangelist Kapfinger, der seinerseits als prominentes CSU-Mitglied über gute Beziehungen zu dem damaligen CSU-Generalsekretär Dr. Zimmermann und damit auch zu Minister Strauß verfügte. Zu diesem Kreis stieß bald der Bauingenieur und Inhaber eines Architekturbüros, Carl Willy Braun, der seinerseits den Kaufmann Hans Herrschaft der Gruppe zuführte; Herrschaft sollte ›Generalbevollmächtigter für die Grundstücksbeschaffung‹ werden. Die Firma, die dann gegründet wurde, erhielt den Namen ›Finanzbau Aktiengesellschaft‹, abgekürzt FIBAG. Bevor am 6. Mai 1960 der Gesellschaftsvertrag geschlossen wurde, kam es am 13. April zu einer Vereinbarung zwischen Schloß, Braun und Dr. Kapfinger, bei deren Vorbesprechung Dr. Kapfinger einen höheren Anteil für sich verlangt hat, weil er »mit ihm« – gemeint war angeblich Minister Strauß – seinen Anteil am zu erwartenden Gewinn zu teilen hätte.

Minister Strauß stellte mit Datum vom 1. Juni 1960 dem Lothar Schloß und der neugegründeten FIBAG ein ›To whom it may concern‹ überschriebenes, eigenhändig unterzeichnetes Empfehlungsschreiben aus; datiert vom 20. Juni 1960 wandte sich Minister Strauß mit einem Brief an den amerikanischen Verteidigungsminister Thomas S. Gates; eine Abschrift dieses Briefes schickte er an Dr. Kapfinger.

Der Brief an Minister Gates hatte folgenden Wortlaut:

»Dr. h. c. Franz Josef Strauß
Bundesminister **den 20. Juli 1960**

Sehr geehrter Herr Kollege!

Nach den meinem Ministerium zugegangenen Informationen ist die amerikanische Armee daran interessiert, eine beträchtliche Zahl von Wohnungen für Angehörige

der US-Armee in Deutschland zu bauen. Das Bundesministerium für Verteidigung hat damit unmittelbar nichts zu tun, hat aber die Pläne des Architektenbüros Lothar Schloß, München, die bei ihm eingereicht sind, geprüft und Herrn Schloß die in Abschrift beigefügte Bestätigung ausgestellt. Es handelt sich hier um dieselbe Firma, die bereits im Jahre 1956 das amerikanische Unterkunftsprojekt in Frankreich bearbeitet hat. Dieses Projekt wurde dann aus verständlichen Gründen einer französischen Firma übertragen.
Ich weise darauf hin, daß die von dem Architektenbüro Schloß vorgelegte Planung hier geprüft und als brauchbar bezeichnet worden ist. Wenn Sie daran interessiert sind, das Unterkunftsprojekt der US-Armee in Deutschland weiter zu verfolgen, bitte ich, diese Ihren Experten bekannte Planung prüfen zu lassen und zu verfolgen.

Mit freundlichen Grüßen
gez. Strauß

The Hon. Thomas S. Gates,
Secretary of Defense,
Pentagon,
Washington 25, D.C.

Der Brief an Dr. Kapfinger, datiert vom 4. August 1960, begann mit »Lieber Hans! In der Beilage übersende ich Dir Durchschrift meines Briefes an den amerikanischen Verteidigungsministers Mr. Gates [...]« und schloß: »Ich glaube, wir sollten auch bei den Amerikanern nicht allzu stark drängen, weil das erfahrungsgemäß zu negativen Rückschlüssen und negativen Reaktionen führt. Mit freundlichen Grüßen! Dein Franz Josef Strauß.«

Anzumerken ist noch, daß Dr. Kapfinger 25 Prozent des auf 500 000 DM festgesetzten FIBAG-Kapitals in Form von Gratisaktien erhalten sollte.
Später hat Dr. Kapfinger eine eidesstattliche Erklärung

abgegeben, in der er aber nun nicht etwa bestritt, jemals gegenüber Dritten von der Verpflichtung zur Teilung seines Gewinns mit Strauß gesprochen zu haben. Vielmehr bestritt er nur ganz bestimmte, von niemandem behauptete Tatbestände, etwa daß er »mehr als« 25 Prozent unter Hinweis auf Teilungsverpflichtungen gegenüber Strauß verlangt hätte. Tatsächlich war behauptet worden, er hätte ursprünglich 40 Prozent gefordert (ohne Hinweis auf Teilungsverpflichtungen), dann 25 Prozent (mit diesem Hinweis).

Eine gerichtliche Klärung des Verdachts auf falsche eidliche Bekundungen Dr. Kapfingers in Zusammenhang mit den sich aus der FIBAG-Affäre ergebenden Gerichtsverfahren war nicht möglich; Dr. Kapfinger legte ärztliche Atteste vor, die seine Verhandlungsunfähigkeit bescheinigten. Das Verfahren wurde schließlich eingestellt.

Dagegen steht fest, daß Minister Strauß den Deutschen Bundestag und seinen Untersuchungsausschuß in Sachen FIBAG mehrfach falsch oder irreführend unterrichtete oder durch Beamte seines Ministeriums falsch oder irreführend unterrichten ließ.

Anzumerken ist ferner, daß der den Minister Strauß und Dr. Kapfinger vor dem FIBAG-Untersuchungsausschuß des Bundestags belastende Zeuge Hans Herrschaft von Strauß wahrheitswidrig landesverräterischer Beziehungen verdächtigt wurde. Der Minister behauptete sogar, er sei von Herrschaft **»im kommunistischen Auftrag«** belastet worden.

Einen Tag nach seiner Aussage in Bonn wurde Hans Herrschaft in Untersuchungshaft genommen und von zahlreichen Beamten in Zivil über seine angeblichen ›Ostkontakte‹ vernommen. Dabei lautete die gegen ihn erhobene Beschuldigung auf Staatsgefährdung; Grundlage seiner Verhaftung bildete ein sogenanntes ›Protokoll‹, das keinerlei Unterschrift trug und bei dem die vernehmende Behörde, falls es eine solche war, mit der Chiffre-Bezeichnung ›L II G‹ angegeben wurde.

Die Beziehung des Falles Herrschaft zu Minister Strauß wurde offenkundig, als der Erste Staatsanwalt Gietel – der zuständige Staatsanwalt Wuschek trat gegenüber Herrschaft kein einziges Mal in Erscheinung – dem Untersuchungshäftling zur »Erleichterung seiner mißlichen Lage« nahelegte, eine Ehrenerklärung für Minister Strauß abzugeben. Herrschaft lehnte dies ab; dennoch verbreitete die Justizpressestelle, er hätte eine Ehrenerklärung für Strauß angeboten.

Erst nachdem Hans Herrschaft durch seinen Anwalt dagegen öffentlich protestieren ließ, gab die Justizpressestelle den wahren Sachverhalt zu. Gietel wurde kurze Zeit später zum Oberstaatsanwalt ernannt, Herrschaft nach 26 Tagen Haft wieder auf freien Fuß gesetzt. Das Verfahren gegen ihn wurde aber erst, obwohl er ständig auf einen ihn rehabilitierenden Prozeß drängte, nach fünf Jahren ohne Verhandlung eingestellt.

Amtsanmaßung zum Zwecke persönlicher Rache

Fehlt im Fall Herrschaft der letzte Beweis dafür, daß die Verhaftung des unbequemen Zeugen von Minister Strauß selbst oder mittelbar, etwa über den ihm unterstehenden Militärischen Abschirmdienst (MAD) veranlaßt wurde, so ist in einem anderen Fall, der damit ursächlich zusammenhängt, die Verantwortung des Ministers Strauß für eine rechtswidrige Festnahme erwiesen.

Zur Vorgeschichte: In der *Spiegel*-Ausgabe Nr. 40 vom 3. Oktober 1962 erschien der folgende Artikel:

Moritz Pfeil
Balkan in Bonn?

[...]

1. Ist Dr. Aloys Brandenstein, der Nenn-Onkel der Frau Marianne Strauß, durch Vermittlung des Ministers innerhalb eines Jahres mehrfacher Millionär

geworden, nachdem er vorher nie im Rüstungsgeschäft tätig und in anderen Geschäften bis aufs Hemd abgebrannt war?

2. Hat Dr. Aloys Brandenstein der Frau des Ministers oder dem Minister selbst ein Grundstück an der französischen Riviera besorgt; hat er noch andere Grundstücke vermittelt, und welche Preise wurden bezahlt?

3. Hat Dr. Aloys Brandenstein mitgeholfen, die Besitzer der Panzerketten-Fabrik Backhaus, in der er dann Kommanditist wurde, um den größeren Teil ihres Eigentums zu prellen, indem Auftragserteilungen manipuliert und die Besitzer solcherart verkaufsbereit gemacht wurden? Ist das Ministerium unter der Verantwortung des Ministers daran mitschuldig?

4. Wie erklärt der CSU-Vorsitzende Strauß, daß von dem ihm befreundeten Rüstungsindustriellen Diehl für die Panzerketten-Fabrik Backhaus schon ein Direktor engagiert worden war, als deren Inhaber noch keine Verkaufsabsichten hatten? Stimmt es, daß dieser Dr. Friedrich Krapf früher Geschäftsführer der Bayernpartei war, daß er kurz vor seinem Panzerketten-Engagement, nämlich unmittelbar vor den bayerischen Landtagswahlen 1958, zur CSU übergewechselt war; stimmt es, daß die CSU ihm zum Nachteil seines Arbeitgebers Bayern-Partei monatelang 1500 Mark hatte zukommen lassen? Und sieht so die Demokratie aus, für die junge Soldaten des Oberbefehlshabers Strauß ihr Leben einsetzen sollen?

5. Stimmt es, daß ein im Rüstungsgeschäft bis dato nicht tätig gewesener Peter Deeg innerhalb einer Stunde ein Geschäft über 25 Millionen Mark »aufreißen« konnte, das die »Profis« in Monaten nicht zustande gebracht hatten? Stimmt es, daß dieser Peter Deeg, von einem ordentlichen Gericht rechtskräftig wegen Betrugs vorbestraft, Duzfreund des jetzt stellvertretenden CSU-Vorsitzenden Weiss und

des jetzigen CSU-Vorsitzenden Strauß war? Ist diese Duzfreund-Demokratie das Leitbild, das wir dem Osten entgegenhalten sollen?

6. Stimmt es, daß der Verleger Kapfinger vor Aufkommen der Fibag-Affäre seinen Paussauer Verlag testamentarisch der CSU vermacht hatte — Schlüssel zur Schloß-Affäre?

7. Unter welchem Aspekt hat Strauß über den Erwerb eines Schweizer Besitzes im Werte von anderthalb Millionen Mark verhandelt, da doch sein eigenes Vermögen und das seines Schwiegervaters Bar-Erwerbungen solcher Größenordnung nicht annähernd gestatten?

8. Da der CSU-Generalsekretär Zimmermann den Minister im Fernsehen so beredt-leger verteidigt hat: Sind mit der Stellung eines stellvertretenden CSU-Vorsitzenden auch heute noch »Vertrauensspesen« von monatlich 5000 Mark verbunden, wie das der Fall war, als der CSU-Vize Strauß noch Bundes-Sonderminister und Bundes-Atomminister war? Die monatlichen 5000 Mark sind vier Jahre lang gezahlt worden und niemals abgerechnet worden, in keiner Steueraufstellung des Ministers Strauß sind sie aufgetaucht.

[. . .]
Es mag sein, daß Opposition und Presse die Streitigkeiten um den Verteidigungsminister leid sind. Wäre dem so, dann müßte man es als Zeichen dafür nehmen, daß der Organismus Bundesrepublik schon aufgehört hat, gegen die Balkanische Krankheit, die von München aus das Land infiziert, Abwehrstoffe zu entwickeln.

Dieser Artikel, den *Spiegel*-Herausgeber Rudolf Augstein mit seinem üblichen Pseudonym ›Moritz Pfeil‹ gezeichnet hatte, folgte der Enthüllung der ›Onkel Aloys‹- und der Dr. Deeg-Affäre in Heft 39 des Nachrichtenmagazins. Es mußte jedem klar sein, daß *Der Spiegel* die Angriffe auf

Minister Strauß fortsetzen und auf Untersuchung der immer zahlreicher werdenden Affären bestehen würde.

Wenige Tage nach Erscheinen des ›Moritz-Pfeil‹-Artikels – jedoch wegen einer Geschichte im folgenden *Spiegel*-Heft (›Bedingt abwehrbereit‹, Nr. 41/1962) – erstattete ein Parteifreund von Minister Strauß, Friedrich August Freiherr von der Heydte, dessen Beförderung zum Brigadegeneral der Reserve trotz dringender Befürwortung durch Minister Strauß vom Bundespräsidenten bislang nicht unterschrieben worden war, Strafanzeige gegen das Nachrichtenmagazin *Der Spiegel* und dessen verantwortliche Redakteure wegen Landesverrats und landesverräterischer Fälschung.

Am 23. Oktober, nachdem die Bundesanwaltschaft um gutachtliche Stellungnahme des Bundesverteidigungsministeriums ersucht und diese erhalten hatte, unterzeichnete der zuständige Richter in Karlsruhe die Durchsuchungs- und Haftbefehle gegen die *Spiegel*-Redaktion. Einen Tag zuvor hatte Freiherr von der Heydte seine endliche Ernennung zum Brigadegeneral erhalten.

Dazu erklärte Freiherr von der Heydte gegenüber dem *Stern:*

»Ihre Leser dürfen es«,

nämlich das Avancement zum General auf Vorschlag des Ministers Strauß,

»nicht damit«,

nämlich mit seiner Strafanzeige gegen den *Spiegel,*

»in Verbindung bringen, daß das sozusagen eine Belohnung war.«

Und Bundesminister Strauß gab gegenüber dem Plenum des Bundestags, gleich nach Durchführung der Polizeiaktion gegen den *Spiegel,* die folgende »verbindliche Erklärung« ab:

»Nein, es ist kein Racheakt meinerseits. Ich habe mit der Sache nichts, im wahrsten Sinne des Wortes nichts zu tun!«

Da der zweite Satz dieser kurzen Erklärung, wie inzwischen allgemein bekannt, eine Lüge war, müssen erhebliche Zweifel an der Wahrheit des ersten Satzes gestattet sein, zumal alle Umstände dafür sprechen, daß es sich um einen Racheakt gehandelt hat.

Im Rahmen der Aktion gegen das Nachrichtenmagazin *Der Spiegel* verstieß Minister Strauß gegen eine Vielzahl rechtsstaatlicher Normen:
So berief er sich auf eine Weisung des damaligen Bundeskanzlers Dr. Adenauer – die dieser nicht erteilt hatte und auch gar nicht hätte erteilen können – und ordnete an, daß der Staatssekretär im Bundesjustizministerium den Bundesjustizminister Dr. Stammberger nicht über die anlaufende Aktion gegen den *Spiegel* unterrichten dürfe.
Bei der Erteilung des rechtswidrigen Befehls an den Militärattaché bei der Botschaft in Madrid, Oster, die Festnahme des in Spanien seine Ferien verbringenden *Spiegel*-Redakteurs Ahlers bei den spanischen Behörden zu erwirken, täuschte Strauß gegenüber Oberst Oster vor, im Einvernehmen mit dem Bundeskanzler zu handeln. Er behauptete ferner wahrheitswidrig, daß das Auswärtige Amt informiert und einverstanden sei.
Bei dem Einsatz von Sicherheitsoffizieren des Militärischen Abschirm-Dienstes der Bundeswehr durch Minister Strauß im Rahmen der Aktion gegen den *Spiegel* handelte es sich um einen schweren Eingriff in die Zuständigkeit der Bundesanwaltschaft und des Bundeskriminalamts. Dadurch, daß er sich von MAD-Beamten über die Erfolglosigkeit des Versuchs, Ahlers in Hamburg festzunehmen, unterrichten ließ, maßte er sich Befugnisse an, die klar außerhalb seiner Kompetenz lagen. Er behauptete alsdann Oberst Oster gegenüber, ein Haftbefehl gegen Ahlers wegen Verdachts auf Landesverrat und Bestechung sei über Interpol nach Madrid abgegangen. Dies war in mehrfacher Hinwicht unwahr: Der Haftbefehl enthielt nichts von einem Verdacht auf Bestechung; Interpol durfte gar

nicht tätig werden, weil die Verfolgung von Angelegenheiten politischen oder militärischen Charakters der Organisation streng untersagt ist; die deutsch-spanischen Verträge verbieten eine Auslieferung bei Verdacht auf Landesverrat.

Rechtswidriger Eingriff in die Justiz

Im Jahre 1960 verkaufte der bayerische Staat dem Nürnberger Makler Hackel ein 30 ha großes Grundstück im Verkehrswert von rund 15 Millionen DM zum ›Vorzugs‹-preis von nur 900 000 DM. Bald danach spendete Hackel der CSU einen fünfstelligen DM-Betrag. Die Nürnberger Staatsanwaltschaft leitete ein Ermittlungsverfahren ein, in dessen Verlauf am 20. März 1961 ein richterlicher Befehl zur Durchsuchung der Nürnberger CSU-Geschäftsstelle erwirkt wurde. Der dortige CSU-Bezirksvorsitzende Schäfer wandte sich, nachdem er vergeblich gegen die Durchsuchung protestiert hatte, hilfesuchend an den damaligen CSU-Generalsekretär Dr. Zimmermann, der wegen eines gegen ihn schwebenden Meineidsverfahrens von seinem Amt suspendiert war und deshalb nicht selbst tätig werden wollte, alsdann an den CSU-Vorsitzenden Strauß, der sofort, und zwar unter ausdrücklichem Hinweis auf sein Bundesministeramt, vom bayerischen Justizministerium eine Aussetzung der Durchsuchung erwirkte. Die beauftragten Staatsanwälte hatten sie jedoch bereits erzwungen. Strauß hatte außerdem verlangt, der das Verfahren leitende Oberstaatsanwalt Dr. Sauter sollte unverzüglich ihn, **»den Bundesverteidigungsminister«**, in Bonn anrufen. Da Dr. Sauter dies ablehnte, rief Strauß ihn nun selbst an und verlangte darüber Auskunft, welcher Partei der Oberstaatsanwalt und die beauftragten Staatsanwälte angehörten.

Diesen Mißbrauch seines Ministeramts zu parteipolitischen Zwecken, verbunden mit einem Eingriff in die Unabhängigkeit der Justiz und in ein schwebendes Verfahren, versuchte Strauß gegenüber dem Parlament nach längerer Verweigerung der Auskunft mit der – wissentlich falschen – Behauptung zu rechtfertigen, er habe nicht als Bundesminister, sondern nur als besorgter Landesvorsitzender der CSU gehandelt. Da er den Oberstaatsanwalt jedoch ausdrücklich um »unverzüglichen Anruf bei dem Herrn Bundesminister der Verteidigung« hatte ersuchen lassen, mußte Strauß dem Parlament schließlich bekennen, daß ihm »infolge der Aufregung über diesen Vorgang ein Formfehler unterlaufen« sei, den er selbstverständlich bedauere.

II. Strauß als Politiker

In der Ausgabe vom Mai 1965 des der CDU nahestehenden Monatsmagazins *Civis* hieß es in einer kritischen Studie über die Person und den Politiker Franz Josef Strauß:

»Ohne daß es jemand ausspricht, vergleicht die deutsche Öffentlichkeit diesen Mann mit Hitler.«

Das Magazin betont zwar sofort, daß der Schluß abwegig sei, daß für die Deutschen zum zweiten Mal die Stunde des Jahres 1933 geschlagen haben würde, wenn Strauß eines Tages Kanzler werden sollte. Aber an anderer Stelle des *Civis*-Artikels heißt es:

»In seiner Disziplinlosigkeit liegt Straußens persönliche Tragik. Sie nämlich scheint jenen Unkenrufen recht zu geben, nach denen Straußens ganz legitimes Streben nach Macht im Staate eines Tages der Demokratie gefährlich werden muß.«

Tatsächlich drängt Strauß selbst unaufhörlich den Bürgern der Bundesrepublik und ihren ausländischen Nachbarn den Vergleich, zwar nicht mit Hitler, doch mit anderen führenden Männern der Nazipartei auf. Insbesondere seit seine Partei, erstmals seit Bestehen der Bundesrepublik, 1969 in die Opposition gedrängt wurde, schlägt er Töne an, wie man sie seit 1945 in Deutschland nicht mehr gehört hat. An rechtsextremistischen, demokratiefeindlichen und die Prinzipien des freiheitlichen Rechtsstaates mißachtenden Äußerungen übertrifft er bei weitem die Führer jener neonazistischen Gruppen der außerparlamentarischen Opposition.

Darüber hinaus ist kein Zweifel mehr daran möglich, daß

er die Macht im Staat auch mit antiparlamentarischen, grundgesetzwidrigen Mitteln anstrebt, mit regierungsfeindlichen außerparlamentarischen Gruppen konspiriert und durch Mittel, die er anwendet oder anwenden läßt, die parlamentarische Demokratie untergräbt.

Im Wahlkampf 1969, wo es zu Tumulten im Bamberger Landratsamt gekommen war, wurde Strauß von einem Bamberger CSU-Funktionär darüber unterrichtet, daß sich einige gegen die Formen des Strafvollzugs demonstrierende Kommunarden bei ihrer Festnahme in übelster Form aufgeführt hätten.

Er telegrafierte daraufhin an den bayerischen Ministerpräsidenten Goppel:

»Lenke Ihre Aufmerksamkeit auf die Vorgänge im Bamberger Raum [...] Diese Personen [...] benehmen sich wie Tiere, auf die die Anwendung der für Menschen gemachten Gesetze nicht möglich ist [...]«

Dazu äußerte sich das Präsidium des Deutschen Richterbundes in einer Presseerklärung:

»Das Vokabular erinnert an Nazizeiten. Auch Rechtsbrecher sind Menschen. Die Störung der öffentlichen Ordnung durch Gewalttaten erfordert gesetzmäßige Schutzmaßnahmen, aber die Ordnung ist – wie Bundespräsident Heinemann jüngst in Berlin sagte – kein Selbstzweck. Der Deutsche Richterbund wendet sich daher gegen jeden Versuch, unbequeme einzelne oder Minderheiten außerhalb der Legalität zu verfolgen.«

In seiner fernschriftlichen Erwiderung an den Deutschen Richterbund erklärte Strauß dazu:

»Hierzu bemerke ich, daß Mitglieder der Gruppe, die sich gern außerparlamentarische Opposition nennt [...], Verhaltensweisen zeigen, die sonst für Geisteskranke bezeichnend sind. [...] Ich habe aber nicht verlangt, daß Leute, die sich wie Tiere benehmen, auch wie Tiere behandelt werden sollen. Ich habe lediglich festgestellt, daß die Anwendung der für Menschen gemachten Gesetze nicht möglich sei, weil diese Gesetze auch bei Rechtsbrechern noch mit Reaktionen rechnen, die der menschlichen Kreatur eigentümlich sind [...] Es ist daher schwer verständlich, daß ausgerechnet der Deutsche Richterbund derartig menschenunwürdiges Verhalten zu rechtfertigen versucht und mich angreift, wenn ich mich bemühe, ein Mindestmaß an Autorität gerade der Justiz zu erhalten.«

Darauf antwortete der Deutsche Richterbund:

»Ihre von uns kritisierte und auch in Ihrem Fernschreiben wiederholte Auffassung, daß die von Ihnen genannten Verhaltensweisen ›die Anwendung der für Menschen gemachten Gesetze nicht möglich‹ macht, impliziert die Aufforderung zu einer außergesetzlichen Verfolgung. Gegen die Auffassung, daß bestimmte Gruppen unseres Volkes – und mögen sie sich auch gesetzwidrig verhalten – rechtlos gestellt werden sollten, müssen wir uns jedoch im Interesse der Rechtsstaatlichkeit wehren, dies zumal nach den bitteren Erfahrungen, die im ›Dritten Reich‹ mit dem Ausschluß bestimmter Gruppen der Bevölkerung vom Schutz der Gesetze gemacht worden sind. Wir sind auch nicht der Meinung, daß Ihre Äußerung geeignet ist, die Autorität der Justiz zu stärken.«

Und Sebastian Haffner schrieb dazu in einem Kommentar:

»[...] Seit Auschwitz weiß man, worauf es abzielt, wenn ›Menschentieren‹ der Schutz der für Menschen gemachten Gesetze entzogen wird. Konsequenz solcher Gedankengänge ist das Genozid, und Strauß ist zu gebildet und zu intelligent, um das nicht genau zu wissen [...] Man kommt nicht darum herum: Hier hat einer der prominentesten Politiker der Bundesrepublik, ein Minister und Parteivorsitzender, öffentlich und wiederholt die Abschaffung des Rechtsstaats für eine ganze Menschengruppe gefordert, und das mit einer Begründung (›Tiere‹, ›Geisteskranke‹), die als bewußte Anspielung auf Praktiken des Hitlerstaates verstanden werden muß. Ich habe mir vergeblich vorzustellen versucht, daß ein englischer oder französischer Minister etwas Derartiges tun könnte. (England und Frankreich haben ja auch ihre studentischen Rebellen.) Aber wenn er es unglaubwürdigerweise täte – dessen bin ich ganz sicher –, dann würde er von einem Sturm öffentlicher Empörung, nicht zuletzt aus seiner eigenen Partei, von der Szene gefegt werden. Er würde nicht einen Tag länger Minister bleiben können, und er hätte keine Aussicht, es je wieder zu werden.«

Unter dem Datum vom 2. November 1970 veröffentlichte das Nachrichtenmagazin *Der Spiegel* einen Beitrag mit der Überschrift: ›Man muß die FDP zerstören‹. Darin heißt es:

»Eine rechte außerparlamentarische Opposition arbeitet seit dem 29. November 1969 am Sturz der Bonner SPD/FDP-Regierung. Damals, 5 Wochen nach der Kanzlerwahl Willy Brandts, trafen sich mit dem CSU-Vorsitzenden Franz Josef Strauß die Großindustriellen Herbert Quandt und Friedrich Karl Flick [...] – es folgen die Namen weiterer Teilnehmer – Flick hielt den Ablauf der Unterredung in einem ›Notiz‹ genannten Protokoll fest.
Strauß eröffnete das Treffen mit einem Referat: [...] ›Die FDP sei von Linken zersetzt, man müsse sie zerstören [...]‹
In der anschließenden Diskussion einigte sich die Industriellen-Apo darauf, eine vorauszusehende Rezession Karl Schiller in die Schuhe zu schieben. Der SPD-Wirtschaftsminister müsse als Scharlatan dargestellt werden. Man müsse Franz Josef Strauß persönliche und finanzielle Hilfe zur Verfügung stellen. Es gelte, die Massenmedien zu beeinflussen. Strauß versprach, sich um den Bayerischen Rundfunk zu kümmern [...] Flick-Teilhaber Wolfgang Pohle, so wurde anschlie-

ßend in engerem Kreise verabredet, solle die FDP-Abwerbung in Bayern organisieren. Leute wie Dietrich Bahner und Heinz Starke wackelten sowieso.

Ein Jahr später, am 14. Oktober 1970, attackierte die inzwischen um Erich Mende, Siegfried Zoglmann und Heinz Starke verstärkte CDU/CSU-Fraktion in einer ›Aktuellen Stunde‹ die Behauptung des Bundeskanzlers Willy Brandt, ›eine rechte außerparlamentarische Opposition‹ plane einen Anschlag auf die SPD/FDP-Regierung. Für die Union wies Fraktionschef Rainer Barzel das ›unglaubliche Wort des Kanzlers‹ zurück. Der CSU-Abgeordnete des Wahlkreises Weilheim, Franz Josef Strauß, fehlte. Er hatte sich wegen einer USA-Reise beurlauben lassen.

Ort der Handlung: Das Restaurant ›Wienerwald‹, New York City, 86. Straße; Zeit: Sonnabend, den 10. Oktober 1970, 20.30 Uhr bis 21.00 Uhr. Szene: Ein durch ein Gitter abgetrennter Tisch, daran sitzend eine dunkelblonde Dame und fünf Herren, unter ihnen Franz Josef Strauß, Vorsitzender der CSU.

Strauß zu seinen Tischnachbarn:

[. . .] ›Wer mich daran hindern würde, an die Macht zu kommen, den würde ich umbringen‹ [. . .] ›Ich will Freiheit, Gerechtigkeit und Wohlgefühl für das deutsche Volk, wenn es sein muß, mit der Maschinenpistole [. . .]‹.«

Diese ungeheuerlichen Äußerungen eines Parteivorsitzenden sind — so hat der *Spiegel* mitgeteilt — durch Zeugen gesichert, die die Richtigkeit der Zitate zu beeiden bereit sind. Darüber hinaus wurden dem CSU-Vorsitzenden Strauß die oben zitierten Äußerungen auf einer CSU-Wahlversammlung in Holzkirchen im November 1970 noch einmal schriftlich präsentiert, ohne daß er dazu Stellung genommen hätte oder gerichtlich dagegen vorgegangen wäre.

Er wurde gleichzeitig — von ihm unwidersprochen — als ›Kulissenschieber bei Mandats-Käufen‹ bezeichnet, war er doch kurz zuvor daran beteiligt gewesen, den FDP-Bundestagsabgeordneten Geldner durch massive Bestechung von dessen Partei abzuwerben.

Am 5. Juli 1970 hatte Strauß auf dem Nürnberger Parteitag der CSU diese als eine **»Sammlungsbewegung zur Rettung des Vaterlandes«** bezeichnet. Der Karikaturist Rainer Hachfeld hatte ihn daraufhin in einer Karikatur in der Form eines Hakenkreuzes dargestellt. Dagegen stellte Strauß Strafantrag wegen Beleidigung. In dem Prozeß – bei dem Strauß übrigens obsiegte – wurde seitens der Verteidigung ein Gutachten des Historikers Imanuel Geiss über das politische Denken des Franz Josef Strauß präsentiert, dem die folgenden Zitate entnommen sind:

»[...] Strauß selber verkündete im CSU-Hauptquartier vor CSU-Getreuen: **›Ich bin ein Deutschnationaler und fordere bedingungslosen Gehorsam.‹ [...]** Strauß hat in der Vergangenheit wie in der jüngsten Gegenwart eine Reihe von Argumenten benutzt, wie sie ähnlich auch die extreme Rechte der Weimarer Republik, also NSDAP und Deutschnationale Volkspartei (DNVP), zum Kampf gegen Republik, Demokratie und Politik des Ausgleichs angewandt hatten. Es seien hier nur einige besonders markante Komplexe herausgegriffen: Antikommunismus und Anti-Marxismus, Anti-Intellektualismus, die fixe Idee von der ausländischen Verschwörung gegen Deutschland mit ihren Handlangern im Inland, die Kriegsschuldfrage von 1914, abgewandelt dazu die von 1939, Versailles als diffamierendes Argument [...] Der NSDAP und Strauß ist gemeinsam, daß sie einige formale Phänomene zum Anlaß nahmen oder nehmen, um vom politischen Kern der Auseinandersetzungen abzulenken oder dessen Existenz gar völlig zu leugnen.

Seit Beginn der Studentenunruhen und dem Auftreten der Apo hat Strauß hier ein besonders dankbares Ob-

jekt gefunden [...] Vermutlich hat Strauß mit seinem Verhalten mehr zur Frustration und Rebellion der intellektuellen Jugend beigetragen als irgend jemand sonst in der Bundesrepublik [...]
Der Übergang zur reinen, beleidigenden Diffamierung und Beschimpfung ist leicht vollzogen: **›Organisierte Bande politischer Landstreicher‹**, **›Wohlstandsrandalierer‹**, **›allenfalls ein moderner zoologischer Garten, in dem man sich von Rauschgift, Maoismus und freier Liebe ernährt‹**, war nur ein erster Anfang. Einige Monate später beschimpft er die Apo als **›verdreckte Vietcong-Anhänger, die da öffentlich Geschlechtsverkehr treiben‹**. So war das berüchtigte Tierzitat [...] wohl vorbereitet [...] Zur Affinität zwischen Strauß und den direkteren Nachfolgern des Nazismus: – die *Deutschen Nachrichten,* ein Organ der NPD, hatten bereits ein halbes Jahr vor Strauß geschrieben: ›Teufel, Langhans und wie sie sonst heißen mögen, haben sich wie Affen benommen, warum behandelt man sie nicht so?‹ [...]
Die Verwilderung der Sprache und Verrohung der politischen Sitten, zu denen Strauß (›Krampfhenne‹, ›Bonner Machthaber‹) in großem Maße beigetragen hat, findet auf deutschem Boden nur einen historischen Präzedenzfall – die ›Sammlungsbewegung zur Rettung des Vaterlandes‹, die ins Dritte Reich führte.«
Nachdem Geiss einige hundert Beispiele für deutliche Affinitäten zum historischen deutschen Faschismus und zu seinen zeitgenössischen Nachfahren aufgezeigt hat, kommt er zu dem Ergebnis, daß die Assoziierung von Strauß mit dem Symbol des Hakenkreuzes in einem rein politischen Sinn

»durchaus plausibel erscheint«.

Die Affinität zu Faschismus alter und neuer Art, wie Geiss sie geschildert hat, zeigt sich bei Strauß am deutlichsten
a) in den Spalten des von ihm herausgegebenen CSU-Parteiorgans *Bayernkurier,*

b) in der Auswahl seiner politischen Freunde und Hilfstruppen, wobei, was letztere betrifft, hier nur an die sog. ›Freundeskreise der CSU‹ erinnert sei.

(Vgl. zu a) die Dokumentation im Anhang, Seite 102 ff.)

»Man muß sich der nationalen Kräfte bedienen, auch wenn sie noch so reaktionär sind – mit Hilfstruppen darf man nicht zimperlich sein!«

(Strauß im Bad Reichenhaller Vertrautenkreis, zitiert nach: *Der Spiegel,* 12/1970, S. 106.)

III. Zusammenfassung und Wertung

Während seiner Amtszeit als Bundesminister der Verteidigung hat es Dr. h. c. Franz Josef Strauß vorsätzlich unternommen, die Verfassungsgrundsätze der Volkssouveränität und der Gewaltenteilung

- der Bindung der Gesetzgebung an die verfassungsmäßige Ordnung sowie der Bindung der vollziehenden Gewalt und der Rechtsprechung an Recht und Gesetz;
- des Rechtes auf die verfassungsmäßige Bildung und Ausübung der parlamentarischen Opposition;
- der Verantwortlichkeit der Regierung gegenüber dem Parlament;
- der Unabhängigkeit der Gerichte und
- des Ausschlusses jeder Gewalt- und Willkürherrschaft außer Geltung zu setzen und damit Verfassungsverrat begangen, und zwar
- in den Affären ›HS 30‹, ›Starfighter‹, ›FIBAG‹ und ›Onkel Aloys‹ insbesondere durch Mißbrauch und
- im Zusammenhang mit der Aktion gegen den *Spiegel* sowie in den Fällen des Oberstleutnants Barth und des Oberstaatsanwalts Dr. Sauter sowohl durch Anmaßung als auch durch Mißbrauch hoheitlicher Befugnisse.

Strauß hat in den genannten Fällen gezeigt, wie sein wahres Verhältnis zu Recht und Gesetz sowie zur freiheitlichen Demokratie ist, auch daß er sich in seinem persönlichen Streben nach Macht über alle ihm dabei im Wege stehenden Verfassungsgrundsätze, die die Grundlage der

freiheitlich-demokratischen Ordnung ausmachen, hinwegzusetzen bereit ist.
Die in den genannten Fällen sichtbar gewordene Einstellung des Abgeordneten Strauß zur Macht und zur Demokratie rechtfertigen die Vermutung, daß er im Interesse persönlicher Macht unter gegebenen Bedingungen bereit sein könnte, die Demokratie in der Bundesrepublik zu zerstören. Es ist ein Grundzug seiner Politik, den äußeren und inneren Notstand der Bundesrepublik zu suggerieren, um unter dem von ihm hervorgerufenen Eindruck einer Gefahr für die Demokratie diese zu überwinden. Sein in den vorgenannten Affären zum Ausdruck gekommenes antidemokratisches Verhalten kann nur als eine Reihe warnender Vorzeichen dafür gewertet werden, wie sich Strauß unter Bedingungen verhalten würde, die ihm noch mehr Machtbefugnisse gewähren und seinen Bestrebungen noch weniger Widerstand entgegensetzen.
Die geschilderten fortgesetzten Verletzungen von Verfassungsgrundsätzen können nur als Teil eines auf lange Sicht angelegten Angriffs auf das Grundgesetz gelten.
Nachdem Strauß in den genannten Fällen – sie stellen nur eine Auswahl dar und können keinen Anspruch auf Vollständigkeit erheben – unter Machtmißbrauch und Anmaßung hoheitlicher Befugnisse in ernsthaftester Weise gegen Verfassungsgrundsätze verstoßen hat, wäre es für die Demokratie unerträglich und würde schwerste Gefahren für die freiheitliche Grundordnung heraufbeschwören, wenn er jemals wieder hoheitliche Macht erlangen würde.

Zu den fortgesetzten Verletzungen der Verfassungsgrundsätze der Volkssouveränität und der Gewaltenteilung durch Strauß ist zu bemerken, daß er diese Prinzipien schon dadurch verletzt hat, daß er den Deutschen Bundestag und seine Ausschüsse in wichtigen Wertungs- und Entscheidungsfragen falsch, irreführend oder verspätet informiert, auf Anfragen verantwortungslos der Wahrheit

widersprechende Auskünfte erteilt oder den Bundestag belogen hat.
Die Bedeutsamkeit dieses den Regeln der parlamentarischen Demokratie zuwiderlaufenden Verhaltens wird besonders dadurch gekennzeichnet, daß Strauß in Wahrnehmung regierungsverantwortlicher Funktionen und somit als vollziehende Gewalt gegenüber dem die Souveränität des Volkes repräsentierenden Parlament dessen legitimen Anspruch auf wahrheitsgemäße und sachgerechte Unterrichtung mißachtete und dadurch dem Deutschen Bundestag Möglichkeiten der Kontrolle und der Wertung der Tätigkeit der vollziehenden Gewalt entzog. Er wirkte damit der Wahrheitsfindung und der gerechten Wertung von ihm zu vertretender Sachverhalte entgegen.

Es gibt kaum eine mit dem Namen Strauß verbundene Affäre, in der er, vor dem Bundestag oder in dessen Ausschüssen zur Rede gestellt, bei der Wahrheit geblieben wäre. In Zusammenhang mit der Aktion gegen den *Spiegel* belog Strauß das Parlament in mindestens sechs gravierenden Punkten und gab auch später, in die Enge getrieben, nur bruchstückweise die Wahrheit zu, um am Ende auch noch abzustreiten, daß er zu Beginn gelogen hätte (**»Ich habe nie behauptet, daß ich mit der Sache nichts zu tun hätte [...]«**).
In der FIBAG-Angelegenheit hat Strauß in Beantwortung der Kleinen Anfrage der SPD-Fraktion vom 15. Juni 1961 dem Bundestag in mindestens sechs gravierenden Fällen die Unwahrheit gesagt und in sieben weiteren Fällen das Parlament irreführend unterrichtet.
In der Beschaffungsaffäre HS 30 gelangte die Mehrheit des parlamentarischen Untersuchungsausschusses zu der Feststellung, Strauß habe in der Antwort (Drucksache 603) auf die kleine Anfrage der SPD-Fraktion vom 17. 10. 1958 (Drucksache 574) in zwei Punkten dem Parlament die Unwahrheit gesagt und in einem die halbe. (Wie irreführend diese halbe Wahrheit – **»Der Auftrag-**

geber kann diese Verträge jederzeit ohne Angabe von Gründen mit sofortiger Wirkung kündigen« – wirklich war, zeigte sich später, als der Bund an ›Hispano Suiza‹ rund 40 Millionen DM Schadenersatz für entgangenen Gewinn zu zahlen hatte.)

In der ›Starfighter‹-Affäre wird, was die falsche oder irreführende Unterrichtung des Bundestags und seiner Ausschüsse angeht, auf die Ausführungen des Bundesrechnungshofs verwiesen.

In der ›Onkel Aloys‹-Affäre ließ Strauß durch Staatssekretär Hopf der Wahrheit widersprechende Erklärungen vor dem Parlament abgeben.

Im Fall des Oberstleutnants Barth informierte Strauß den Verteidigungsausschuß absichtlich falsch über das Ergebnis der Verhandlung vor dem höchsten Truppengericht.

Diese und andere Sachverhalte zeigen, daß Strauß ihm übertragene Macht selbstherrlich und anmaßend gebraucht und nicht bereit ist, die parlamentarischen Grundregeln zu achten, insbesondere sich dem Willen des Parlaments in seinem Handeln unterzuordnen und sich der Kontrolle des Bundestags zu unterstellen.

Einen gleichen, gegen Verfassungsgrundsätze gerichteten Aspekt im Verhalten des Abgeordneten Strauß zeigt seine fortgesetzte Mißachtung des dem Grundsatz der Volkssouveränität innewohnenden Prinzips des Rechtes des Volkes, die Staatsgewalt in Wahlen und Abstimmung auszuüben und die Volksvertretungen in allgemeiner, gleicher, unmittelbarer, freier und geheimer Wahl zu wählen.

Mit durchaus undemokratischen Mitteln hat es Strauß wiederholt unternommen, vom Volk gewählte Abgeordnete anderer Parteien mit Geld- und anderen Versprechungen abzuwerben oder abwerben zu lassen oder sie unter Druck zu setzen und so in ihrer freien Willensentscheidung zu hindern, um auf diesen Wegen bestehende Mehrheitsverhältnisse zugunsten seiner eigenen Partei zu verändern. Beispiele hierfür sind die Abwerbung von Abgeordneten der Bayernpartei in der sog. ›Hauptstadt-Affäre‹, die Machenschaften zur Zerschlagung der Bayernpartei und der Organisierung des Rufmords an Baumgartner, Geiselhöringer, Berthold und anderen in der sog. ›bayerischen Spielbanken-Affäre‹ sowie die Abwerbung oder versuchte Abwerbung von Mitgliedern der FDP-Bundestagsfraktion zur Schwächung der gegenwärtigen SPD/FDP-Regierungskoalition. Die Tragweite der von Strauß gegen die Volkssouveränität und die Gewaltenteilung gerichteten Angriffe kann letztlich nur dann richtig überschaut werden, wenn in Betracht gezogen wird, daß Strauß von Anbeginn seiner politischen Laufbahn an von verschiedenen geheimdienstlichen Beziehungen berührt war und daß die Möglichkeit der Nutzung solcher Beziehungen und Methoden für persönliche und parteipolitische Zwecke durch ihn auch für die Zukunft nicht ausgeschlossen werden kann.

Zu den Verletzungen des rechtsstaatlichen Prinzips der Bindung der vollziehenden Gewalt an Recht und Gesetz ist festzustellen, daß dieses Prinzip ein elementarer Bestandteil des Verfassungsgrundsatzes der Rechtsstaatlichkeit ist. Sein Anliegen besteht darin, zu gewährleisten, daß die vollziehende Gewalt alle ihre Entscheidungen und Maßnahmen in absoluter Übereinstimmung mit Recht und Gesetz trifft. Die Rechtsstaatlichkeit gebietet es, daß jede hoheitliche Handlung der Exekutive in einer Gesetzesnorm begründet ist und der Festigung der materiellen Gerechtigkeit dient. Dort, wo rechtliche Normen bestehen, haben diese Vorrang vor allen anderen Maßstäben. Alle staatlichen Handlungen haben sich auf die Verfassung oder ein Gesetz im formellen Sinn zu stützen. Die Bindung der vollziehenden Gewalt an Gesetz und Recht ist die entscheidende Voraussetzung der Gewährleistung der Rechtssicherheit, das heißt: für die Voraussehbarkeit und Meßbarkeit aller Hoheitsakte. Sie beinhaltet zugleich den

Grundsatz der Gesetzmäßigkeit der Verwaltung mit einer Zuständigkeitsordnung zur Festlegung eindeutiger Verantwortung, die das Verbot der Überschreitung der Zuständigkeiten einschließt.
Jede Anmaßung von hoheitlichen Befugnissen und jedes Eingreifen in die Zuständigkeiten anderer Verantwortungsbereiche ist eine mit den demokratischen Grundsätzen unvereinbare, die rechtsstaatliche Ordnung untergrabende Verhaltensweise. Eine Verletzung des Prinzips der Bindung der vollziehenden Gewalt an Recht und Gesetz verstößt zugleich gegen den Verfassungsgrundsatz der Rechtsstaatlichkeit.

In Zusammenhang mit der Aktion gegen das Nachrichtenmagazin *Der Spiegel* ist Strauß eine ganze Reihe solcher Verstöße gegen die Rechtsstaatlichkeit vorzuwerfen: Er berief sich auf eine nicht-existente Weisung des Kanzlers und ordnete gegenüber dem Staatssekretär eines ihm nicht unterstehenden Ressorts die Verheimlichung wichtiger Informationen vor dem zuständigen Justizminister an. Er maßte sich damit Befugnisse an, die selbst dem Regierungschef nicht zustehen, und griff in die Kompetenz eines anderen Ministers in rechtswidriger Weise ein.
Bei der Anordnung, Conrad Ahlers in Spanien verhaften zu lassen, täuschte Strauß wiederum Befugnisse vor, die auch dem Kanzler nicht zustehen, gab vor, im Einvernehmen mit dem Kanzler zu handeln, griff unter Verletzung rechtsstaatlicher Grundsätze in die Zuständigkeit und den Mechanismus des Auswärtigen Amts ein und verletzte die Zuständigkeit des Generalbundesanwalts wie auch die des Bundeskriminalamts. Strauß war nicht legitimiert, eine Festnahme oder Verhaftung des Redakteurs Ahlers zu erwirken, und selbst sein Parteifreund Höcherl, damals Bundesinnenminister, mußte zugeben, daß sich Strauß

»etwas außerhalb der Legalität«

befunden habe. Tatsächlich hat er die Rechtswidrigkeit seines Handelns bewußt in Kauf genommen, wobei sein

Geltungsdrang und sein persönliches Rachebedürfnis die wesentlichen Motive gebildet haben mögen.

In der HS 30-Affäre hat Strauß die Bindung der vollziehenden Gewalt an Recht und Gesetz unter anderem dadurch verletzt, daß er dem von verschiedenen Seiten frühzeitig geäußerten und begründeten Verdacht auf Strafrechtsverletzungen nicht unverzüglich und mit der erforderlichen Konsequenz nachgegangen ist, vielmehr durch Unterlassung der erforderlichen Anzeigen den Wirkungsmechanismus der Strafverfolgungsorgane ausgeschaltet hat.

Einen weiteren eklatanten Bruch von Recht und Gesetz beging Strauß in der Sache des Oberstleutnants Barth. Das Unterlassen des damaligen Verteidigungsministers, ein Disziplinarverfahren einzuleiten und dem Offizier Gelegenheit zu Gehör und Rechtfertigung zu geben, verstieß eindeutig gegen den Verfassungsgrundsatz des Ausschlusses jeder Gewalt- und Willkürherrschaft, hier konkret gegen Artikel 19, Absatz 4 GG. Sein rechtswidriges Verhalten gegenüber einem Untergebenen setzte Strauß dann fort, indem er unter Verletzung der Wehrbeschwerdeordnung den vom Wehrdienstsenat geladenen Zeugen die Aussagegenehmigung, deren diese gar nicht bedürfen, ausdrücklich verweigerte, dann die Aussage durch dienstlichen Befehl verbieten lassen wollte.

In der Affäre Hackel versuchte er den ermittelnden Oberstaatsanwalt Dr. Sauter unter Druck zu setzen und griff in die Zuständigkeit der Justiz in einer alle rechtsstaatlichen Normen verletzenden Weise ein.

Seine Einsichtslosigkeit stellte er alsdann unter Beweis, indem er sein Verhalten als bloßen ›Formfehler‹ abtat.

Bei der Beschaffung und dem Einsatz des ›Starfighters F-104 G‹ verletzte der Minister Strauß den Grundsatz der Bindung der Exekutive an Recht und Gesetz in besonders schwerer Weise: Durch die Anschaffung des unausgereiften und unerprobten Waffensystems und dessen Einführung in die Bundeswehr, erst recht mit der Freigabe des offenkundig mangelhaften ›Starfighters‹ für den Flugdienst, verstieß er gegen Abschnitt I Artikel 2 der Konvention zum Schutz der Menschenrechte und Grundfreiheiten, gegen Artikel 1, Absatz 1 des Grundgesetzes, gegen die Strafrechtsnormen zum Schutz von Leben und Gesundheit und gegen das Soldatengesetz. Er ging ganz bewußt das Risiko ein, zahlreiche Menschenleben zu gefährden, indem er die Bundeswehr mit einem Waffensystem ausrüstete, dessen Zuverlässigkeit mehr als zweifelhaft war.

Wenn auch an Soldaten hohe, unter Umständen den Einsatz des Lebens bedingende Anforderungen zu stellen sind, so gestattet die Konvention zum Schutz der Menschenrechte (Art. 15, Abs. 1) selbst im Kriegsfall nur solche Eingriffe in Menschenrechte, die nach der Lage *unbedingt* erforderlich sind. Um so mehr muß der Grundsatz der Achtung des Lebens und der Würde des Menschen in Friedenszeiten gelten. Der Bundeswehrsoldat kann von der militärischen Führung verlangen, daß sie sein Leben nur dann opfert, wenn dies für das Wohl des Volkes unumgänglich ist. Ein Befehl, der eine so große Gefahr für Leib und Leben von Untergebenen herbeiführt, daß diese Gefahr in keinem Verhältnis zum dienstlichen Zweck des Befehls steht, ist deshalb rechtswidrig. Für die daraus entstandenen Folgen hat der Befehlsgeber – im Falle des ›Starfighter‹-Einsatzes in erster Linie der damalige Minister Strauß – die volle Verantwortung zu tragen.

Zu den Verletzungen des Verfassungsgrundsatzes der Bildung und Ausübung einer parlamentarischen Oppotision ist festzustellen, daß es sich dabei um Kriterium und notwendigen Bestandteil einer lebensfähigen parlamentarischen Demokratie handelt. Das Oppositionsrecht trägt verfassungswahrenden und kontrollierenden Charakter; es ist ein wichtiges Instrument der Demokratie im Kampf gegen Willkür und andere Gefahren des Machtmißbrauchs. Jede Verletzung des Rechts auf Opposition richtet sich gegen die parlamentarisch-demokratische Ordnung und ist Ausdruck totalitären Machtdenkens, unabhängig davon, ab es sich im Einzelfall um die Unterdrükkung legalen oppositionellen Verhaltens oder um den verfassungswidrigen Mißbrauch des Oppositionsrechts handelt. Parlamentarische Demokratie und Unterdrückung oder Mißbrauch des Rechts auf Opposition schließen wesensmäßig einander aus.

In beiden hier bestimmten Richtungen hat Strauß das Recht fortgesetzt verletzt. Solange er selbst Hoheitsbefugnisse ausübte und der Regierungskoalition angehörte, unterdrückte er wiederholt das Recht auf Opposition, unabhängig davon, ob es sich bei den Betroffenen um Angehörige einer Opposition im Parlament oder um außerparlamentarische Institutionen und Kräfte handelte.

Vornehmlich hat Strauß das Recht auf Opposition dadurch verletzt, daß er auf Anfragen oppositioneller Abgeordneter, vornehmlich solcher der SPD, im Bundestag oder in dessen Ausschüssen fortgesetzt bewußt falsche, leichtfertig unwahre oder ausweichende und dadurch irreführende Antworten gab. Dadurch führte er das Recht der Opposition auf Rechenschaftslegung der Regierungsmitglieder gegenüber dem Parlament faktisch ad absurdum.

In der Hauptstadt-Affäre hat er gemeinsam mit seinem Parteifreund Schäffer Abgeordnete der Bayernpartei mittels Geldgeschenken sich gefügig gemacht.

Als schwerste Form der Mißachtung und Unterdrückung der Opposition wurde sowohl in der nationalen wie in der internationalen Öffentlichkeit die exponierte Mitwirkung des damaligen Verteidigungsministers Strauß an der Aktion gegen den *Spiegel* gewertet. Dabei bewies Strauß am deutlichsten, daß er oppositionelles Verhalten gegenüber einer Regierung, der er selbst angehört (oder auch nur gegen die eigene Person), als gegen den Staat gerichtet be-

trachtet. Das ging so weit, daß er im Falle des *Spiegel* wie in der ›FIBAG‹-Affäre und hier speziell im Fall des Zeugen Hans Herrschaft Kritik an der CSU-Politik und an seiner Person als kommunistische und damit quasi verfassungsfeindliche Verhaltensweisen diffamierte.
Durch legitime Wahlen selbst in die Opposition gedrängt, ist Strauß hingegen nicht bereit, sich im Rahmen der verfassungsmäßigen Grenzen der Opposition zu bewegen. Mit Methoden, die dem Wesen der Demokratie fremd und mit ihren Regeln unvereinbar sind, versucht er, die vom Volk bestimmten Mehrheitsverhältnisse zu verändern.
Die Nichtbereitschaft des CSU-Vorsitzenden Strauß, die einer Opposition übertragenen konstruktiven Aufgaben im Rahmen der parlamentarischen Demokratie zu realisieren und die der Opposition von der Verfassung gesetzten Schranken zu respektieren, wird jedoch in ihrem vollen Umfang nicht allein durch Abwerbungsversuche wie im Falle des FDP-Abgeordneten Geldner gekennzeichnet.
Eine auf unsere heutige Demokratie zukommende Gefahr des Mißbrauchs der Opposition sehen wir besonders in den engen Beziehungen des CSU-Vorsitzenden Strauß und des Führungsstabes seiner Partei zu rechtsextremistischen Bewegungen, Aktionen, Anführern und Presseorganen.
Nachdem Strauß schon in der Vergangenheit mehrfach in enge Beziehungen zu solchen rechtsextremistischen Kräften wie dem Verein ›Rettet die Freiheit‹ oder der – vom damaligen Generalbundesanwalt Güde ihrem Programm nach als verfassungswidrig gekennzeichneten – ›Abendländischen Akademie‹ getreten ist, stehen jetzt seine Beziehungen zu anderen Gruppierungen der äußersten außerparlamentarischen Rechten im Vordergrund.
Die sogenannten ›Freundeskreise der CSU‹, die ultranationalistische Ziele verfolgen und dabei auch vor kriminellen Handlungen nicht zurückschrecken, sehen in Strauß ihren ›starken Mann‹ und Führer. Strauß wiederum zollt diesen ›Freundeskreisen der CSU‹ Anerkennung und fin-

det in ihnen eine über Bayern hinausgehende Unterstützung seiner Politik. Daß Kontakte zwischen der CSU und den ›Freundeskreisen der CSU‹ bestehen und daß auch Strauß selbst solche Kontakte unterhält, wurde durch den Vorsitzenden der Bundesdelegiertenversammlung und Mitbegründer der ›Freundeskreise der CSU‹, K. W. Holzapfel, am 7. 10. 1970 in einem von dem Fernsehmagazin *Monitor* ausgestrahlten Interview bestätigt.

Holzapfel führte aus, daß zwischen den ›Freundeskreisen‹ und der CSU-Führung — vertreten durch Strauß und dessen Vertrauten Marcel Hepp — Gespräche darüber geführt wurden, daß die ›Freundeskreise‹ die Grundlagen für eine Parteigründung auf Bundesebene erarbeiten sollten, aber daß der CSU die Möglichkeit gesichert werden müßte, sich jederzeit von den ›Freundeskreisen‹ öffentlich zu distanzieren. Holzapfel betonte, den ›Freundeskreisen‹ sei von der CSU-Führung — bei Erteilung gewisser Auflagen — ›grünes Licht‹ gegeben worden. Mit welchen Methoden die ›Freundeskreise‹ der CSU und Strauß Schützenhilfe zu leisten bestrebt sind, demonstrierte der Präsident der Bundesdelegiertenversammlung dieser ›Freundeskreise‹, Professor Rubin, kurz vor den Landtagswahlen 1971 in Schleswig-Holstein. Er täuschte in strafrechtlich relevanter Weise (Vortäuschung einer Straftat, Verleumdung u. a.) seine Entführung als Exponent der ›Freundeskreise der CSU‹ durch linke, dem SPD-Spitzenkandidaten Steffen nahestehende Kräfte vor. Mit diesem wahrhaft skrupellosen und kriminellen Versuch der Wahlbeeinflussung wird die Verantwortung deutlich, die Strauß dadurch übernommen hat, daß er sich mit den ›CSU-Freundeskreisen‹ auf politische Zusammenarbeit einließ.

Auch zur ›Aktion Widerstand‹, deren neonazistischer, verfassungsfeindlicher und weitgehend krimineller Charakter Strauß nicht verborgen geblieben sein kann, unterhielt er gewisse Verbindungen. Inwieweit sich Strauß mit der ›Aktion Widerstand‹ verbunden fühlt, zeigte die Tatsache, daß er an deren Gründungsversammlung in Würzburg,

wo offener Terror gegen Andersdenkende demonstriert und Mordhetze gegen Bundeskanzler Brandt getrieben wurde, nur ›aus Termingründen‹ nicht teilnahm. Auch daß er den in Würzburg demonstrierten Neonazismus dann öffentlich zu rechtfertigen versuchte, indem er diese Aktionen als wesenseigene Replik im Rahmen der Demokratie bezeichnete, zeigt den Grad der Verbundenheit an. In der Argumentation und Demagogie, der Verwilderung der Ausdrucksweise und der vor nichts zurückschreckenden Diffamierung politischer Gegner sind zwischen den Verlautbarungen der rechten Ultras und denen des von Strauß herausgegebenen CSU-Organs *Bayernkurier* wechselseitige Beeinflussungen deutlich erkennbar. Nicht ohne Grund erklärte Bundeskanzler Brandt, Strauß solle dafür sorgen, daß sich die verderbliche ›Aktion Widerstand‹ nicht auf Dinge berufen könnte, die er, Strauß, geredet und die sein Wochenblatt geschrieben habe.
In jüngster Zeit pflegt Strauß besonders engen Kontakt auch zu der durch den CSU-Hospitanten Zoglmann gegründeten National-Liberalen Aktion (NLA) und deren Weiterentwicklung, der Deutschen Union (DU). Bereits heute ist klar erkennbar, daß diese Organisationen durch nationalistische Bestrebungen gekennzeichnet sind, die eine Gefahr für die freiheitliche Demokratie darstellen.

Zu den Verletzungen des Verfassungsgrundsatzes der parlamentarischen Verantwortlichkeit der Regierung
ist festzustellen, daß sich unser Grundgesetz uneingeschränkt zur Volkssouveränität und den damit verbundenen Prinzipien bekennt. Das setzt unter anderem voraus, daß ein enges, auf gegenseitiges Vertrauen und beiderseitige Achtung begründetes Zusammenwirken von Legislative und Exekutive unter Wahrung der Zuständigkeiten in allen wichtigen Entscheidungsfragen stattfindet.
Dabei ist nicht zu übersehen ,daß die zunehmende Kom-

plexität und Kompliziertheit von Sachentscheidungen sowie die Notwendigkeit, Sachentscheidungen gegebenenfalls in relativ kurzen Fristen treffen zu müssen, schwierige Fragen des Zusammenwirkens von Parlament und Regierung aufwerfen. Es ist für die Abgeordneten des Bundesparlaments nicht mehr leicht, die Sachgerechtheit und Begründetheit von Entscheidungen sowie deren mögliche Folgen voll zu erfassen. Die sich daraus ergebende Belastung der Entscheidungs- und Leistungsprozesse darf jedoch nicht auf Kosten der in der parlamentarischen Tätigkeit ihren vollendeten Ausdruck findenden Volkssouveränität gemindert werden. Es ist für die Demokratie unerträglich, diese Kompliziertheit dadurch lösen zu wollen, daß sich die Exekutive grundgesetzwidrige Befugnisse anmaßt. Vielmehr kann dieses Problem nur dadurch gelöst werden, daß den Fachministerien erhöhte Verantwortung dafür übertragen wird, daß sie die parlamentarischen Entscheidungen gründlich vorbereiten, die parlamentarischen Instanzen sachgerechter, vollständiger, absolut wahrheitsgemäß und durchschaubarer über den Entscheidungskomplex informieren.

Strauß hat wiederholt gezeigt, daß er nicht bereit ist, den Grundsatz der Verantwortlichkeit der Regierung gegenüber dem Parlament zu respektieren. Er hat den Deutschen Bundestag in Vorbereitung auf von diesem zu treffende Entscheidungen entgegen seinen Amtspflichten fortgesetzt falsch, unvollständig, irreführend oder überhaupt nicht informiert und dadurch den Bundestag zu Entscheidungen veranlaßt, die bei hinreichender und richtiger Information niemals getroffen worden wären.

Besonders bedenklich erscheint, daß Strauß als Minister sein grundgesetzwidriges Verhalten nicht allein mit Versehen, Versprechen, Mißverständnissen u. ä. zu entschuldigen versuchte, sondern daß er bei seinen Rechtfertigungen mit Schein-Theorien operierte, die sein Demokratieverständnis als besonders schwach entwickelt erkennbar machen.

So berief er sich im Zusammenhang mit der Aktion gegen den *Spiegel* darauf, dem Deutschen Bundestag keine vollständigen Auskünfte geben zu können, da bestimmte, das Parlament interessierende Tatsachen in bezug auf die Festnahme von Conrad Ahlers und die Besetzung der Redaktionsräume in Bonn und Hamburg zum Wohle der Bundesrepublik geheimgehalten werden müßten. Er ging offensichtlich davon aus, daß neben dem Kanzler er allein befugt wäre, darüber zu befinden, was aus dem militärischen Bereich geheimzuhalten sei und dem Parlament und seinen Ausschüssen vorenthalten werden müsse. Allein damit setzte er sich bewußt über seine Befugnisse hinweg und negierte grundsätzlich das Recht des Parlaments und seiner Ausschüsse auf volle Unterrichtung. Die Durchsichtigkeit der von Strauß strapazierten Argumente wird erkennbar, wenn man in Betracht zieht, daß die vom Bundestag geforderten Informationen sich nicht auf Sachverhalte bezogen, die eine Geheimhaltung gerechtfertigt hätten, sondern auf solche, die ihn selbst der Begehung von Straftaten verdächtig machten und an deren Geheimhaltung Strauß aus persönlichen Gründen interessiert war.

In der Beschaffungssache HS 30 machte Strauß unwahre Angaben über das tatsächliche Mitwirken des CDU/CSU-Fraktionsvorstandsmitglieds Dr. Lenz und informierte den Bundestag in irreführender Weise über die Vertragssituation.

In der FIBAG-Affäre ließ Strauß den Bundestagsausschuß in ungebührlicher Weise auf die Aktenunterlagen warten und verzögerte so dessen Arbeit. Er verursachte zugleich die Gefahr des Beweismittelverlustes und setzte sich dem Vorwurf aus, der Sachaufklärung entgegengewirkt zu haben.

In der Beschaffungssache F-104 G hat Strauß als Minister durch bewußt falsche Sachdarstellung die zuständigen Ausschüsse des Bundestags veranlaßt, dem Ankauf eines Waffensystems zuzustimmen. Später versuchte er, seine

Verantwortung auf das Parlament abzuwälzen, indem er erklärte: »Gott sei Dank haben wir gemeinsam geirrt!« Hinzu kommt in diesem Fall, daß Strauß der parlamentarischen Entscheidung ohnehin vorgegriffen und im wesentlichen vollendete Tatsachen geschaffen hatte, noch ehe der Bundestag von ihm – und dann falsch – informiert worden war.

In der Angelegenheit des Oberstleutnants Barth veranlaßte Strauß, durch völlig falsche Sachdarstellung und bewußte Verfälschung der Wehrsenats-Entscheidung und im Zusammenspiel mit seinem Parteifreund Zimmermann, ein Verdikt des Verteidigungsausschusses, das bei korrekter Unterrichtung niemals zustande gekommen wäre.

Bei dem Versuch, in der Angelegenheit der rechtswidrigen Verhaftung des Redakteurs Ahlers die Verantwortung dafür seinem Staatssekretär zuzuschieben, konnte Strauß nur in härtester Auseinandersetzung mit dem Parlament zu dem Eingeständnis gebracht werden, daß er für die Handlungen seines Staatssekretärs die politische Verantwortung trage und gab erst unter Vorhalt des Artikels 65 GG zu, auch die parlamentarische Verantwortung zu tragen. Damit war Strauß aber keineswegs bereit, auch rechtliche Konsequenzen hinzunehmen. Dies zeigt, welche Einstellung er zu den Pflichten eines Ministers und dessen Verantwortung gegenüber dem Parlament hat.

Zu den Verletzungen des Verfassungsgrundsatzes der Unabhängigkeit der Gerichte

ist festzustellen, daß es sich dabei um eines der wichtigsten Elemente der freiheitlichen Demokratie handelt. Die Unabhängigkeit der Gerichte ist als rechtsstaatliches Ordnungsprinzip Ausdruck der Gewaltenteilung, dient der Wahrung der Würde des Menschen, der Gleichheit der Bürger vor dem Gesetz, der Gesetzlichkeit und der Sicherung aller anderen Menschenrechte.

Alle Erfahrungen, besonders die der deutschen Geschichte, lehren, daß die Verletzung der Gewaltenteilung und vor allem die der Unabhängigkeit der Gerichte die Demokratie untergraben, sie zerstören und letztlich zur Gewalt- und Willkürherrschaft führen, wenn solchen Erscheinungen nicht bereits in ihren Anfängen wirksam entgegengetreten wird. Gerade in diesem Licht sind die Tendenzen im Verhalten von Strauß, in den Bereich der Justiz selbstherrlich einzugreifen, als besonders gefährlich anzusehen.

Sein Verhalten im Fall des von ihm gemaßregelten Oberstleutnants Barth stellt ein Musterbeispiel ministerieller Willkür dar, zugleich einen Eingriff in die Unabhängigkeit der Gerichte von ungewöhnlicher Schwere.

In Zusammenhang mit der Aktion gegen den *Spiegel* hat Minister Strauß dadurch in justizielle Kompetenzen eingegriffen, daß er

– den Staatssekretär im Justizministerium anwies, den Bundesminister der Justiz über das Anlaufen der Aktion nicht zu informieren;
– Angehörige seines Ministeriums und Sicherheitsbeamte und -offiziere der Bundeswehr rechtswidrig wie Vollzugsorgane der Justiz einsetzte;
– unter Berufung auf ein nicht vorhandenes Amtshilfeersuchen die rechtswidrige Verhaftung des Redakteurs Ahlers veranlaßte, ohne hierfür zuständig zu sein;
– Oberst Oster verbot, bei Vernehmungen darüber auszusagen, wer ihm die Weisung zur Veranlassung der Festnahme von Ahlers gegeben habe.

In dem Ermittlungsverfahren gegen den Makler Hackel hat Strauß in rechtswidriger Weise in ein schwebendes Verfahren eingegriffen und die Staatsanwälte unter Druck zu setzen versucht.

In der Beschaffungssache HS 30 wußte Strauß spätestens vom 30. Juli 1958 an durch seinen Ministerialrat Dr. Götze, daß Verdacht auf Bestechung bestand. Er unterband jedoch die Nachforschungen. Die Mitteilung des Bundesrechnungshofs vom 20. Juli 1959, einzelne Vorgänge bei der HS 30-Beschaffung erforderten eine Überprüfung nach strafrechtlichen Gesichtspunkten, ließ er unbeachtet und, entgegen dem Ersuchen des Bundesrechnungshofs, unbeantwortet. Der Bundestags-Untersuchungsausschuß stellte fest, daß Akten auf mysteriöse Weise verschwunden waren und daß der Bevollmächtigte des HS 30-Lieferanten, Rechtsanwalt Aretz, in den Besitz von Auszügen der Prüfungsmitteilungen des Bundesrechnungshofs gelangt war, die als Verschlußsache in sechs numerierten Ausfertigungen dem Verteidigungsministerium zugeleitet worden waren. Daß Strauß die Strafverfolgungsbehörden in ihrer pflichtgemäßen Tätigkeit behinderte, ergibt sich auch aus seinem weiteren Verhalten in dieser Angelegenheit.

In der FIBAG-Affäre war Strauß an rechtlich zwielichtigen, wenn nicht rechtswidrigen Maßnahmen gegen den Zeugen Herrschaft beteiligt. Der ganzen Sachlage nach erscheint es gerechtfertigt, auch hier einen Eingriff des Ministers Strauß in die Unabhängigkeit der Justiz anzunehmen.

Das Verhältnis von Strauß zur Unabhängigkeit der Justiz wird nicht zuletzt durch sein beispielloses Auftreten vor den Gerichten gekennzeichnet. Es ist darüber in der Presse hinreichend berichtet worden, wie er in verschiedenen Prozessen versucht hat, Richter und Prozeßbeteiligte durch sein Auftreten in ihrer Entscheidung zu beeinflussen, so daß darauf hier nicht näher eingegangen zu werden braucht.

Zusammenfassend ist festzustellen, daß Strauß den Verfassungsgrundsatz der Unabhängigkeit der Gerichte nicht nur durch ›unrichtige Anwendung im Einzelfall‹ verletzt hat. Er hat sich jahrelang so verhalten, als ob dieser Verfassungsgrundsatz überhaupt nicht existiere.

Die gleiche Feststellung ist hinsichtlich aller anderen hier behandelten und von Strauß verletzten Verfassungsgrundsätze zu machen. Ganz abgesehen davon, daß die

Verfassungsgrundsätze gemäß Artikel 79 Absatz 3 GG jeder legalen Verfassungsänderung und gemäß Artikel 79 Absatz 1 Satz 1 GG auch jeder ›Wandlung‹ und ›Durchbrechung‹ entzogen sind, hat Strauß über viele Jahre hinweg, also fortgesetzt, nicht nur gegen einen Verfassungsgrundsatz, sondern gegen die Gesamtheit der Grundpfeiler unseres demokratischen Staatswesens gehandelt und trotz rechtlichen Fortbestandes die faktische Anwendung der Verfassungsgrundsätze auf seine Verhaltensweise verhindert.

Strauß hat auch vorsätzlich gehandelt. Er wußte, daß er die im Deutschen Bundestag in höchster Ausprägung repräsentierte Souveränität des deutschen Volkes mißachtete und unter anderem die Kontrollfunktionen des Deutschen Bundestags über seine Regierungstätigkeit willkürlich ausschloß; daß er die Bindung der vollziehenden Gewalt an Recht und Gesetz als für sich nicht vorhanden ansah; daß er sich als Bundesminister grundgesetzwidrig mit der Bundesrepublik Deutschland identifizierte und daraus illegitime Maßnahmen gegen die Opposition ableitete, doch er hat sich trotz dieser Kenntnis für eine Beibehaltung und Fortsetzung seiner undemokratischen und verfassungswidrigen Verhaltensweisen entschieden.

Es ist auch nicht möglich, Franz Josef Strauß etwa damit zu entschuldigen, daß er nicht aus verfassungsfeindlicher Gesinnung heraus gehandelt habe, selbst wenn Verfassungsverrat objektiv vorliege; denn zum einen erfordert der Verfassungsverrat keine ›überschießenden‹ Gesinnungsmomente, zum anderen offenbarte er ja eine verfassungsfeindliche Gesinnung, als er vorsätzlich die Verfassungsgrundsätze, bezogen auf sein Verhalten, außer Geltung setzte.

Zu den gegen Menschen- und Bürgerrechte verstoßenden Verhaltensweisen des Abgeordneten Dr. h. c. Strauß
ist zunächst festzustellen, daß es das große Verdienst unseres Grundgesetzes ist, die Grundrechte der Bürger zum unmittelbar geltenden Recht erhoben zu haben.
Ungesetzliche Eingriffe in die Menschen- und Bürgerrechte stellen eine ernsthafte Verletzung der freiheitlichen Demokratie dar. Sie sind sowohl mit dem Geist wie mit dem Wortlaut des Grundgesetzes unvereinbar. Die Bereitschaft zur Respektierung und Verteidigung der Grundrechte ist ein wichtiger sozialer Gradmesser für die Haltung zur freiheitlich-demokratischen Grundordnung. In besonderem Maße gilt dies für Personen, denen durch Wählerwillen das hohe Vertrauen ausgesprochen und die Verantwortung übertragen wurde, im Deutschen Bundestag die Interessen des Volkes zu verwirklichen.
Entgegen dieser hohen Verantwortung hat Franz Josef Strauß als Bundestagsabgeordneter und als Regierungsmitglied Grundrechte mißachtet. Er hat auch dadurch bewiesen, daß ihm die Fähigkeit und der gute Wille zu demokratischem Verhalten und zur Achtung vor Recht und Gesetz fehlen.
Durch die Einführung des unausgereiften und noch nicht auf seine Flugsicherheit hin erprobten Waffensystems F-104 G in den Flugdienst der Bundesluftwaffe und die dadurch zumindest mitursächlich hervorgerufenen zahlreichen, für die Piloten tödlich verlaufenen ›Starfighter‹-Abstürze hat sich Strauß der Verletzung des Artikels 2 Absatz 2 Satz 1 GG schuldig gemacht.
Mit der rechtswidrigen Veranlassung der ungesetzlichen Festnahme von Conrad Ahlers in Spanien hat er sich der Verletzung des Artikels 2 Absatz 2 des Grundgesetzes, der die Unverletzlichkeit der Freiheit der Person garantiert, schuldig gemacht. Im Falle des FIBAG-Zeugen Hans Herrschaft besteht zumindest ein solcher Verdacht.
In der Disziplinarangelegenheit des Oberstleutnants Barth hat Strauß das im Artikel 17 GG verbriefte Peti-

tions- und Beschwerderecht verletzt und damit zugleich gegen den Grundsatz der Gleichheit vor dem Gesetz (Art. 3 Abs. 1 GG) verstoßen. Er kann sich nicht auf Art. 17 a GG berufen, der sich nur auf den Fall von Gemeinschaftsbeschwerden und -petitionen von Angehörigen der Streitkräfte bezieht.

Hinreichend bekannt ist schließlich der wiederholt und autoritativ begründete Vorwurf der Verletzung des Grundrechts der Presse- und Meinungsfreiheit und der Informations- und Oppositionsfreiheit gemäß Artikel 5 Grundgesetz durch Minister Strauß, besonders im Zusammenhang mit der Aktion gegen das Nachrichtenmagazin *Der Spiegel*.

Mit den Verstößen gegen die Artikel 2, 3, 5 und 17 GG hat Strauß zugleich die Würde des Menschen (Art. 1 GG) verletzt und damit zugleich gegen den Verfassungsgrundsatz des Ausschlusses jeder Gewalt- und Willkürherrschaft verstoßen.

Es ließen sich nun noch zahlreiche Fälle anführen, die den Verdacht begründen, daß Strauß auch in kriminelle Delikte verwickelt ist, und fast alle der geschilderten Affären – die wiederum nur eine Auswahl darstellen – sind auch von strafrechtlicher Relevanz. Es scheint uns indessen, daß dies angesichts des nachgewiesenen Verfassungsverrats und des fortgesetzten Verstoßes gegen die Menschen- und Bürgerrechte durch Strauß von drittrangiger Bedeutung ist.

Es wurde Strauß ohnehin bereits von der 18. Zivilkammer des Landgerichts München 1 unter dem Aktenzeichen 18 0 680/64 bescheinigt:

»[...] Es kann [...] keinem Zweifel unterliegen, daß [...] ihm – wie der Beklagte (Augstein) sich ausgedrückt hat – der ›Ruch der Korruption‹ anhaftete.«

Johannes Groß schrieb unter dem Datum vom 9. April 1965 in dem der CDU nahestehenden Wochenblatt *Christ und Welt:*

»Strauß unterhält die Öffentlichkeit mit Beteuerungen,

er sei nicht korrupt, er sei nicht kriminell, nicht Millionär, nicht machtgierig. Er werde bloß verleumdet; alle seien gegen ihn – die Russen, die Amerikaner, die Liberalen, die Sozialisten, die norddeutschen Protestanten, der hohe katholische Klerus usw. usw.«

Wir sind nicht gegen Franz Josef Strauß; er ist gegen uns, gegen unsere freiheitlich-demokratische Grundordnung, gegen unseren Staat. Er hat fortgesetzt gegen Verfassung und Gesetz sowie gegen die Normen von Sitte und Anstand, die auch und gerade in der Politik gelten müssen, vorsätzlich verstoßen. Strauß gefährdet die Erfüllung unserer Hoffnung auf eine friedliche und freiheitliche Entwicklung. Wir wollen uns und unseren Staat auf demokratische Weise vor ihm schützen.

Dokumentation

Schreibtischtäter

»... Ein Volk, das diese wirtschaftlichen Leistungen erbracht hat, hat ein Recht darauf, von Auschwitz nichts mehr hören zu wollen! ...«
F. J. Strauß, nach:
Frankfurter Rundschau, 13. Sept. 1969

F. J. Strauß

»... Aber eines wird man doch noch fragen dürfen: Was haben Sie in den zwölf Jahren draußen gemacht, wie man uns gefragt hat, was habt ihr in den zwölf Jahren drinnen gemacht ...«
Aschermittwochtreffen der CSU am 15. 2. 1961 in Vilshofen, nach:
Deutsche Zeitung mit Wirtschaftszeitung, 4./5. 3. 1961

F. J. Strauß

»... Aber jeder, der sich um das höchste Amt bewirbt, muß seine politische Vergangenheit lückenlos aufzeigen können ...« Wahlrede am 12. 9. 1961 in Weilheim/Obb.

Deutsche National-Zeitung, 19. September 1969

»... Mindestens vierzehn Jahre seines Lebens war Willy Brandt, der heutige Kanzler-Kandidat der SPD, mit Leib und Seele Norweger. Im April 1933 verließ er, der damals noch Herbert Karl Frahm hieß, Deutschland und ging nach Norwegen ...«

Deutsche National-Zeitung, 15. Mai 1970

»... Während Willy Brandt in der Emigration jeden Quadratzentimeter der ihm so heiligen norwegischen Erde ›bis zum letzten Blutstropfen‹ zu verteidigen gewillt war, ist er heute kaltblütig am Werk, halb Deutschland den Bolschewiken zu schenken – und das ohne jede Andeutung einer Gegenleistung ...«

Bayernkurier, 11. März 1972

»... Ungute Erinnerungen weckt das in jüngster Zeit um sich greifende völlig unkritische Nachbeten regierungsamtlich geförderter tendenziöser Darstellungen über die Persönlichkeit und den Lebensweg von Kanzler Willy Brandt. Ohne auch nur im geringsten die Grundregeln einer objektiven Berichterstattung zu berücksichtigen, übernahmen große Teile der deutschen Publizistik anläßlich der Überreichung des Nobelpreises und des Ehrenbürgerbriefes der Stadt Lübeck an Brandt beispielsweise die politisch zweckbestimmte Version von der ›Flucht‹ des heutigen Bonner Regierungschefs vor den Nationalsozialisten nach Skandinavien.
Es ist zu vermuten, daß heute die meisten Menschen in Deutschland von der Annahme ausgehen, Brandt sei damals von den Nationalsozialisten verfolgt worden und deshalb geflüchtet. Millionen Menschen sind damit das Opfer einer Geschichtslegende geworden. Nach den verfügbaren Quellen ist nämlich die ›Flucht‹-Version mehr als zweifelhaft ...« .

Realpolitik und Verständigung = Kapitulation und Landesverrat

»... Der Landesverband Bayern des Ringes Christlich-Demokratischer Studenten hat den CSU-Vorsitzenden Franz Josef Strauß in einem offenen Brief aufgefordert, Marcel Hepp sofort als geschäftsführenden Herausgeber des Parteiorgans ›Bayernkurier‹ abzusetzen.
In einem weiteren offenen Brief an den bayerischen Ministerpräsidenten Alfons Goppel (CSU) fordert der RCDS die Absetzung von Kultusminister Ludwig Huber (CSU). Der Münchener RCDS-Vorsitzende Peter Gauweiler erklärte darüber hinaus auf einer Pressekonferenz, Huber müsse auch als Vorsitzender der CSU-Fraktion im Bayerischen Landtag abgesetzt werden, da er ebenso wie Hepp keine christlich-soziale Politik im Sinne des CSU-Grundsatzprogramms vertrete.
Aus dem gleichen Grunde wandte sich der RCDS ferner gegen die CSU-Bundestagsabgeordneten Richard Jaeger und Walter Becher, den Sprecher der Sudetendeutschen Landsmannschaft. Die CSU müsse von einer Gruppe freigemacht werden, die dem Ansehen der Partei schade. Gauweiler teilte mit, der RCDS-Bundesvorstand werde in Kürze eine Broschüre unter dem Titel ›Bayernkurier – demokratisches Parteiorgan oder reaktionäres Hetzblatt?‹ vorlegen. Darin werde unter anderem nachgewiesen, daß in dem Blatt vor allem Leute zu Wort kämen, die sich aus der ›Deutschland-Stiftung‹ rekrutierten. Der RCDS habe immer wieder versucht, durch persönliche Vorsprache auf eine Änderung des ›Bayernkurier‹ hinzuwirken; seit dort aber Ansichten publiziert würden, wie ›Mitbestimmung erfreut den Kreml‹, sei das Band zerschnitten ...«

Frankfurter Rundschau, 14. 11. 1969

Bayernkurier, 11. Oktober 1969

»... Hier und heute beginnt der Ausverkauf Deutschlands, und die FDP kann sagen, sie sei dabeigewesen ...«
»... Aber Brandt wird als Verzichtskanzler geschichtsmächtig werden, wenn er lange genug Gelegenheit hat, sein antieuropäisch-prosowjetisches Programm in die Tat umzusetzen ...«

Deutsche National-Zeitung, 31. Oktober 1969

»... Mit dem Paukenschlag einer Anfrage zum Atomsperrvertrag will die CDU/CSU ihre parlamentarische Oppositionsrolle eröffnen. Das klingt gut, weiß man doch, daß die neue Linkskoalition aus der Unterschrift zu diesem Knebelvertrag ein Dogma zu machen gewillt scheint. Mit ihrer ersten Vorstellung als Opposition will die bisherige Regierungspartei also den weichen Punkt der sozialdemokratischen Politik aufzeigen. Gleichwohl läßt sich nicht übersehen, daß die stärkste Parlamentsfraktion, die CDU/CSU, nur recht mühsam wieder Tritt faßt, nachdem sie nicht durch das Wahlergebnis, aber durch das Ergebnis der Regierungsbildung gründlich durcheinander gebracht wurde ...«

Bayernkurier, 8. November 1969

»... Die wirtschaftlichen Folgen des Atomsperrvertrags werden ungeheuer sein. Die Gefährdung der Arbeitsplätze, die Kontrolle der deutschen Industrie, die ungeklärten Kostenfragen werden die deutsche Position auf dem Weltmarkt entscheidend treffen. Und wieder wird es ein Sozialdemokrat sein, der einen verhängnisvollen Vertrag unterschreibt. Beim Versailler Vertrag spielte der SPD-Kanzler Bauer diese tragische Rolle. Jetzt ist Willy

Brandt in seine Fußstapfen getreten. Oh, daß wir doch falsche Propheten wären! . . .«

Deutsche National-Zeitung, 14. November 1969

»... Die Regierung Brandt-Scheel scheint fest entschlossen, den Atomsperrvertrag, aller Attacken der Opposition im Bundestag ungeachtet, ohne Verzug und ohne Gegenforderung, praktisch bedingungslos, zu unterzeichnen und das deutsche Volk einem Diktat zu unterwerfen . . .«

Bayernkurier, 10. Januar 1970

»... Der Westen ist, wie wir aus zuverlässiger Quelle Washingtons erfahren, vor allem darüber erbost, daß die deutsche Regierung im Alleingang nicht nur deutsch-nationale Positionen aufgibt, sondern gleichzeitig auf Pfänder des Westens verzichtet, die eines Tages für ein Gespräch zwischen Ost und West als Trumpfkarte unentbehrlich sein können.
Brandt schwächt den Westen, ohne dafür wenigstens nationale Vorteile einzuhandeln. Er gefährdet damit unsere Sicherheit, bevor er einen Ersatz für das bisherige System gefunden hat. Das meinen wir, wenn wir von einer Politik des Abenteuers sprechen . . .«

Deutsche National-Zeitung, 6. Februar 1970

»... Schließlich widerspricht die Deutlichkeit, mit der Willy Brandt in Paris die Ostpolitik anspricht, seiner These, der Westen decke den neuen Ritt gen Osten unter dem Vorzeichen des Verzichts. Freilich, von den Verbündeten war Frankreich in ostpolitischen Fragen immer der unsicherste Partner. Daß Brandt gerade dort zuerst Rükkendeckung sucht, ist nicht ohne Delikatesse. Wir wissen aber aus sicherer Quelle, daß insbesondere in Washington das Erstaunen über den deutschen Kurswechsel der Unruhe Platz gemacht ...«

F. J. Strauß

»... Ich weigere mich, den Untergang des Deutschen Reiches durch eine Politik des Ausverkaufs ohne Gegenleistungen zu besiegeln ...«
Am 11. 2. 1970 beim Politischen Aschermittwoch in Vilshofen, nach: *Die Welt*, Hamburg, 12. 2. 1970

Deutsche National-Zeitung, 13. Februar 1970

»... Endlich regen sich in der Bundesrepublik Kräfte, die Willy Brandt den Spiegel vorhalten und die Bevölkerung zum Widerstand gegen seine Politik des totalen Ausverkaufs aufrufen ...«

Bayernkurier, 28. Februar 1970

»... Wir haben in der Deutschlandpolitik das Gefühl dafür verloren, was ein Skandal ist. Die Herren Ost-Berlins sind für die meisten schon zu Männern ohne Eigenschaften geworden. Der wuchernde Wahn des Dialogs erlaubt es nicht mehr, Qualität, Eignung und Legitimation des Gesprächspartners vorab zu prüfen. Das ist eine Zeiterscheinung, die auch in der Politik Nachahmung finden mußte. Brandt ist ein Meister dieser leeren Dialogtechnik ...«

Deutsche National-Zeitung, 6. März 1970

»... Es wird immer notwendiger, die Gegenpositionen aufzuzeigen, die das in Richtung Osten bereits vollzogene

Kapitulationsangebot der Bundesrepublik noch in letzter Minute unterlaufen können. Deshalb bleibt es bedenklich, daß die Union den Weg vor das Verfassungsgericht nach Karlsruhe scheut, jenen Weg, auf dem sie die Politik der Abkehr vom Verfassungsauftrag zur Wiederherstellung der deutschen Einheit stoppen könnte ... Die entschiedenste politische Form zeigte ohne Zweifel Franz Josef Strauß ... Zutreffend seine Feststellung, daß die Anerkennung einer Forderung des Ostens sofort neue Forderungen nach sich ziehe, eine Feststellung, deren nüchterne Richtigkeit von unseren realitätsfremden Entspannungsträumern zwar erkannt, aber nicht beherzigt wird ...«

Bayernkurier, 14. März 1970

»... Die Bundesrepublik kapituliert in Raten. Wir haben also das Vergnügen, die Kröten, die wir nach dem Zweiten Weltkrieg schlucken mußten, erneut, diesmal aber freiwillig, schlucken zu dürfen ...«

Deutsche National-Zeitung, 20. März 1970

»... ›Jeder lange Marsch beginnt mit einem kleinen Schritt‹, sagte Willy Brandt am Wochenende, und darin hat er recht. Es ist der Marsch zur ... Verbriefung der Zerstückelung unseres Vaterlandes ...«

Bayernkurier, 21. März 1970

»... Der dialektische Aufbereitungsprozeß, mit dem die Bevölkerung offenbar reif zur Kapitulation gemacht werden soll, nimmt ein geradezu hektisches Tempo an ...«

Deutsche National-Zeitung, 28. März 1970

»... Wohin ›der lange Marsch‹ geht, ist also völlig klar. Ohne jede Not werden die in zwei Jahrzehnten bundesdeutscher Nachkriegspolitik bewährten Rechtspositionen aufgegeben ...«

Bayernkurier, 28. März 1970

»... Zudem ist die Frist, die Brandt und Genossen haben, dem Volke die Wahrheit zu sagen über ihre Politik der Kapitulation und der Preisgabe, recht kurz ...«

Deutsche National-Zeitung, 3. April 1970

»... Die in den Kapitulationsverhandlungen in Moskau und Warschau unglaublich bewährten Staatssekretäre Bahr und Duckwitz begleiten den Kanzler auf seiner Amerikareise. Der arme Duckwitz hatte es bisher wegen der vertraglichen Verpflichtungen der Bundesrepublik im Deutschlandvertrag nicht leicht und will jetzt in Washington das menschenmögliche unternehmen, um die Zustimmung der Nixon-Regierung für die endgültige Abtrennung der deutschen Ostgebiete an Polen zu gewinnen. Die amerikanische Nachrichtenagentur Associated Press berichtet: ...«

Bayernkurier, 23. Mai 1970

»... Brandts Irrtum wird zur Tragik Deutschlands und kann zum Drama Europas werden. Es ist offensichtlich das Ergebnis einer Mischung von politischem Wunschdenken und sowjetischer Irreführung, das heute unter dem Stichwort ›Anerkennung der Realitäten‹ in der neuen Ost-

politik als moderner Realismus gefeiert wird. Hier handelt es sich nicht einmal mehr um ein Pokerspiel, das Herbert Wehner mit Ulbricht treiben würde. Hier handelt es sich um eine Politik, die – ohne daß man ihr diese Absicht unterstellen soll – im Ergebnis zur politischen Hegemonie Moskaus führen muß ...«

Deutsche National-Zeitung, 5. Juni 1970

»... 50 000 Vertriebene demonstrierten nach einem ›Marsch auf Bonn‹ auf dem Bonner Marktplatz für das Selbstbestimmungsrecht und gegen die Verzichtpolitik der roten Bundesregierung. Als Hauptsprecher geißelten BdV-Präsident Czaja (CDU) und CSU-Vorsitzender Strauß den Wahnwitz der sinnlosen Verschenkung deutscher Lebensrechte durch Brandt an den Weltkommunismus. An Parolen der Vertriebenen fielen u. a. auf: ›Scheel und Brandt verschenken unser Land‹, ›Niemals Oder-Neiße-Grenze‹, ›Versöhnung ja, Verzicht niemals!‹, ›Ostdeutsche sollen sterben, damit Marxisten erben‹, ›Die Anerkennung der Oder-Neiße-Linie ist ein Verbrechen an Deutschland‹. Immer wieder riefen Zehntausende Vertriebene: ›Brandt weg, Brandt weg!‹ ...«

Bayernkurier, 27. Juni 1970

»... Brandt darf also in Zukunft die Grenzen zwar nicht verletzen, aber immerhin verrücken. Welche Erfolge diese Ostpolitik doch aufzuweisen hat! ...«

Deutsche National-Zeitung, 17. Juli 1970

»... Dieser Kanzler muß bald stürzen, weil er alles daransetzt, im Schnellzugtempo die elementarsten Lebensrechte seines eigenen Volkes zu opfern, dem sowjetrussischen Kolonialismus. Brandt geht ganz offenbar jedwedes Gefühl für Recht und Gerechtigkeit ab ...«

Bayernkurier, 16. August 1970

»... Kein einziger winziger Schritt des Entgegenkommens. Und Brandt verschenkt die deutsche Unterschrift unter den Sperrvertrag, der unsere Sicherheit erheblich reduziert, der die europäische Gemeinschaftstechnologie entscheidend hindert, der die Bundesrepublik zum Dauerangeklagten für den Rest des Jahrhunderts stempelt ...«

Deutsche National-Zeitung, 21. August 1970

»... Es geht um unser gemeinsames Vaterland, um die Zukunft unseres Volkes.
Wir klagen an Bundeskanzler Willy Brandt und die von ihm geführte Bundesregierung
1. des Verrates deutscher Interessen ...«

Bayernkurier, 22. August 1970

»... Mit Eifer verfolgt die Regierung Brandt ihre Politik, Deutschland – bewußt oder unbewußt – zu verkleinern und in möglichst viele Staaten aufzuteilen ...«

Deutsche National-Zeitung, 23. August 1970

»... Wenn Brandt sagt: ›Wir haben den Krieg verloren ...‹ ist er (wie so oft) unkorrekt in seiner Aussage. Als ›wir‹, das heißt der deutsche Soldat, im Krieg stand, war dieser Willy Brandt gar kein Deutscher, sondern Norweger und wünschte die deutsche Niederlage. Hier glauben wir die Wurzel seines Handelns allein finden zu können. Willy Brandt hat 1970 doch noch gesiegt. Gesiegt über Deutschland ...«

Bayernkurier, 19. September 1970

»... Die Regierung Brandt/Scheel hat vorsätzlich und unter Inkaufnahme des Verfassungsbruches das Fundament unseres Grundgesetzes, nämlich der deutsche Staat fortbestehende geschichtliche Tatsache zu sein, zerstört ...«

Deutsche National-Zeitung, 6. November 1970

»... Nein, Herr Scheel, so kann man die Verständigung nicht betreiben. Wer sich mit einer Verbrecherbande verständigt, welche das polnische Volk knechtet, ist ein Feind des polnischen Volkes. Verstanden? ...«

Bayernkurier, 7. November 1970

»... Willy Brandt und sein politischer und publizistischer Anhang werden ob der Verwendung des Wortes Ausverkauf wieder das übliche große Wehklagen anstimmen und Krokodilstränen über die Bösartigkeit des ›Bayernkurier‹ vergießen. Dabei müssen wir – allerdings in anderer Richtung als es die liberal-sozialistische Genossenschaft wahrhaben will – zugeben, daß der Begriff Ausverkauf im Zusammenhang mit der Ostpolitik der Regierung Brandt/Scheel vielleicht fehl am Platze ist. Unter Ausverkauf versteht man in der Regel eine Räumung des Lagers zu Schleuderpreisen; aber immerhin wird ein Erlös erzielt. Diesen Erlös sehen wir in der Brandtschen Ostpolitik nicht, so daß es sich bei ihr tatsächlich weniger um einen Ausverkauf, als um ein Verschenken deutscher Positionen und Rechtsansprüche handelt ...«

Deutsche National-Zeitung, 22. Januar 1971

»... Von seinem FDP-Lakaien unterstützt, betreibt Rot-Kanzler Willy Brandt eine systematische Politik der totalen Entrechtung seines eigenen Landes: Aus freien Stücken will er den kommunistischen Regimen in Polen und der CSSR ein Drittel Deutschlands zum Geschenk machen und mit dem Verbrechersystem der Pankower Mauermörder paktieren.
Zweifel an der nationalen Zuverlässigkeit des Bundeskanzlers sind so alt wie die Bundesrepublik ...«

Bayernkurier, 13. Februar 1971

»... Der Abgeordnete Wörner äußerte den Verdacht, daß die Regierung in der Berlin-Frage eine Politik betreibe, ›die bewußt die wahren Absichten hinter einer Front nebelhafter Formulierungen verdeckt; wir müssen uns doch fragen, ob da nicht ein Kurswechsel vorbereitet wird; eine besondere Rolle spielt dabei Herbert Wehner‹.
Dieser Verdacht nimmt Tag für Tag zu. Brandt und Scheel, SPD und FDP spielen in Berlin mit verdeckten Karten. Die Trümpfe hält man in Moskau. Die Verlierer sitzen, geht es so weiter, in Berlin. Und in ganz Deutschland ...«

Deutsche National-Zeitung, 14. Februar 1971

»... Kernstück Bonner Regierungskunst sind die angeblichen Erleichterungen im Berlinverkehr und die Besserung der Situation des freien Teils der Reichshauptstadt, die uns dank der sogenannten ›Verträge‹ – die in Wirklichkeit Unterwerfungserklärungen sind – von Warschau und Moskau beschert werden wird ...«

Bayernkurier, 6. März 1971

»... Hier beginnt die Gefährlichkeit einer auf Illusionen und falschen Denkansätzen aufgebauten Ostpolitik, die mit Formulierungen arbeitet, die natürlich eine gewisse Publikumswirksamkeit haben. Es heißt dann z. B. ›Anerkennung der Realitäten, Aussöhnung mit den osteuropäischen Völkern, den Frieden-sicherer-machen, Entspannung, europäische Friedensnote, Gewaltverzicht, gleichberechtigte Partnerschaft, Ende des kalten Krieges, kleine und mittlere Schritte, Kooperation statt Konfrontation, Normalisierung der Beziehungen, staatliche Einheit Deutschlands, unterschiedliche Gesellschaftsordnungen, Wandlung durch Annäherung‹, um aus dem Lexikon der neuen ostpolitischen Politologie nur eine kleine Auswahl zu bieten. Die Versöhnung zwischen den Völkern wird noch lange nicht durch die Verträge mit diktatorischen Regierungen herbeigeführt ... Wenn man uns hier Panikmache und Scharfmacherei vorwirft, so deshalb, weil wir es wagen, zwischen dem Nebel, zwischen diesem Geschwätz und Gestrüpp von Phrasen noch die Entwicklungstendenzen zu sehen ...

... Aber wer so gesinnungslos mit moralischen Maßstäben und Prinzipien umspringen kann, je nach den Grundsätzen der Opportunität, der ist kein Partner, dem man blind und vertrauensselig in die Arme fallen und mit dem man gerührt und übermannt von der eigenen Großmütigkeit und dessen Geduld und Gnade sich übermannen lassen kann ...«

Deutsche National-Zeitung, 26. März 1971

»... Wir müssen auf die Zwischentöne achten. Nach der neunten Bahr-Kohl-Runde wird versichert, man mache langsam, aber sicher Fortschritte. Wer macht Fortschritte? Seit Falins Äußerungen muß jedem klar werden, daß nur der Osten Fortschritte machen kann, und daß das Bonner Verhandlungskonzept nur auf Rückschritte für die Sache des freien Teils Berlins und der ganzen Bundesrepublik angelegt ist ...«

Bayernkurier, 24. April 1971

»... Willy Brandts Unverfrorenheit nimmt von Tag zu Tag zu, gewinnt allmählich bewundernswerte Ausmaße: Was ist bei uns möglich, so muß man fragen, wenn ein deutscher Bundeskanzler die Stirn zu der Behauptung hat, im jüngst veröffentlichten Berlin-Papier der Sowjetunion gebe es ›positive Ansätze‹? ...
Noch keine Regierung der Bundesrepublik Deutschland hat die Interessen des freien Teils von Berlin so miserabel gewahrt wie das Kabinett der ungleichen Partner Brandt und Scheel. Dieser rapide Substanzverlust in der Berlin-Politik des Bundes ist um so auffälliger, da er von einem Kanzler zu verantworten ist, der einst, als er noch ›Frontstadt-Bürgermeister‹ war, sich nicht genug darin tun konnte, die Bundesregierung an ihre Berlin-Verpflichtungen – unnötigerweise – zu erinnern ...«

Deutsche National-Zeitung, 28. Mai 1971

»... Die Frage wird im Westen bereits geprüft, ob eine europäische Zusammenarbeit auch ohne die Bundesrepublik möglich ist. Wir treiben in eine Selbstisolierung, die das politische Werk Konrad Adenauers völlig vernichtet.

Nachdem seine Ostpolitik schon von seiner eigenen Partei aufgegeben wurde und nur noch in dieser Zeitung vertreten wird, sollen nunmehr auch seine kunstvoll geknüpften Bündnisse mit dem freien Westen gefährdet werden ...«

F. J. Strauß

»... Der Zustand, in dem wir uns heute befinden, hat weder eine Änderung der Atmosphäre herbeigeführt, noch besteht Hoffnung darauf, daß irgendwelche ernsthaften sowjetischen Gegenleistungen zu erwarten sind. Und darum betrachte ich diese Ostpolitik als einen Fehlschlag, das um so mehr, wenn sie durch die Ratifizierung der Verträge geltendes Recht wird ...«

Bayernkurier, 29. Mai 1971

Deutsche National-Zeitung, 17. September 1971

»... Am 1. September, dem Jahrestag des Kriegsausbruchs, erschien Sowjetbotschafter Falin im Bundeskanzleramt und zitierte den bundesdeutschen Regierungschef zu einem Treffen mit Breschnew auf der Krim. Am Tag darauf gab Brandt seine endgültige Zusage, zwei Wochen später erschien er vor dem Chef der Weltrevolution ...«

Bayernkurier, 16. Oktober 1971

... Nochmals: Reverenz der sowjetischen Diplomatie! Allerdings, leichter kann sie sich im Umgang mit einem Partner auch nicht tun, der sich schon auszuliefern begonnen hatte, noch ehe die sowjetische Seite vor den getrübten Augen einer bewußt irregeführten Öffentlichkeit darangehen konnte, frohgemut zu ernten, was dümmlich gesät worden war ...«

Deutsche National-Zeitung, 22. Oktober 1971

»... Die Bundesregierung schwebt zur Zeit in einer Entspannungseuphorie, die letztlich für den freien Westen gefährlich und verderblich werden kann. Der Bundeskanzler fährt ohne Abstimmung mit seinen westlichen Kollegen allein und überraschend an das Schwarze Meer und führt mit den sowjetrussischen Machthabern Gespräche unter vier Augen ...«

Bayernkurier, 23. Oktober 1971

»... Die Zeit ist gekommen, wo es gilt, einmal Fraktur zu reden. Wo es gilt, einmal den Zustand jener Partei aufzudecken, die sich heute allzu gerne mit dem deutschen Staatswohl pharisäisch zu identifizieren beliebt. Wir meinen, wie unschwer zu erkennen ist, die SPD. Die Partei des Bundeskanzlers. Die Partei, die nach dem messianischen Geheiß ihres Vorsitzenden Willy Brandt, der zugleich nebenbei noch Bundeskanzler ist, ›mehr Demokratie zu wagen‹ versprochen hat. Wir meinen die Partei Herbert Wehners, dessen schizophrene Ausbrüche, statt daß sie gerügt würden, immer noch Verständnis jener Publizistik in Presse, Funk und Fernsehen finden, die auf dem linken Auge blind geworden zu sein scheint, auf dem rechten dagegen mit Überschärfe sich zu Visionen törichtester Art angeregt fühlt ...«

Deutsche National-Zeitung, 26. November 1971

»... Staatssekretär Egon Bahr läßt sich immer wieder Neues einfallen, um zu verdeutlichen, daß seine Kapitulationspolitik keine Schranken mehr kennt ...
Kein Mann hat seit 1945 mehr der deutschen Hauptstadt geschadet als Egon Bahr ...«

Bayernkurier, 4. Dezember 1971

»... Es ist den Sowjets vollendet gelungen, ihre Kontrahenten Brandt, Bahr und Scheel unter Zeitdruck zu setzen. Breschnew beginnt zu ernten, was seine deutschen Partner in unfreiwilliger Komik gesät haben: ...«

G. Frey
»... Wir, meine Damen und Herren, wir sollen also reaktionär sein, weil wir Verbrechen als Verbrechen erklären, weil wir Mord als Mord hinstellen, weil wir den Kolonialismus als Kolonialismus deklarieren und den Imperialismus als Imperialismus ... Und den Landesverrat als Landesverrat ...«

Deutsche National-Zeitung, 10. Dezember 1971

Bayernkurier, 12. Februar 1972

»... Es war höchste Zeit, Alarm zu schlagen, um zu zeigen, wohin Brandts ›Friedens‹-Politik führt: Zur Unterwerfung unter Moskau ...«

Deutsche National-Zeitung, 10. März 1972

»... Noch in letzter Minute vor Beginn der Beratungen der Unterwerfungsverträge im Bundestag hat der CSU-Abgeordnete Freiherr von Guttenberg, den seine schwere Erkrankung nicht hindert, unermüdlich für die Freiheit Westdeutschlands zu kämpfen, in einem offenen Brief an den Bundeskanzler auf die großen Gefahren seiner Ost- und Deutschlandpolitik hingewiesen und vor der Verharmlosung der Existenz des roten Faschismus gewarnt. Mit den Verträgen und der Pankow angebotenen Gleichberechtigung werde die Gefahr des Linksextremismus so verwischt, daß dieser von der Bevölkerung nicht mehr erkannt werde ...«

Bayernkurier, 25. März 1972

»... Wie weit hat uns Brandts ›Friedenspolitik‹ gebracht, wenn uns heute Breschnew unverhohlen, ja brutal, vor die Entscheidung stellt, in absoluter Abhängigkeit von Moskau nur noch zwischen einer ›Politik des Friedens oder einer des Krieges‹ wählen zu dürfen? Und wie weit konnten die Dinge bei uns treiben, wenn die veröffentlichte Meinung – offenkundig völlig erblindet gegenüber dem Trend der für den Kreml so günstigen und für Bonn so verhängnisvollen Entwicklung – es nicht mehr wagt, gegen Erpressungen und Einmischungen aufzutreten, sondern allenfalls noch ›Form und Ton‹ des sowjetischen Anspruchs zu kritisieren wagt? ...«

Deutsche National-Zeitung, 31. März 1972

»... Als bei der Diskussion der Ostverträge im Bayerischen Landtag die SPD-Fraktion eben für die Ostpolitik Brandts plädierte, erwiderte der CSU-Abgeordnete R. Hundhammer: ›Von uns die Zustimmung zur Teilung Deutschlands zu verlangen, ist die Erwartung, daß wir uns ehrlos machen. Es ist das Ansinnen zum Verrat an unseren Landsleuten, zum Verrat am Ziel der deutschen Einheit und Freiheit ...‹«

Bayernkurier, 1. April 1972

»... Erleichterungen also, die an diesem Osterfest in Berlin gewährt werden, sind nichts anderes als ein Mittel der Einschüchterung. Die ›Verkehrsregelungen‹, die angebo-

ten werden, sind auf dem Hintergrund der Tatsache zu sehen, daß Kohl die völkerrechtliche Anerkennung der DDR längst in der Tasche hat; ›Humanität‹, wie sie die Sowjets anpreisen, ist nichts anderes als Mittel zur Erweiterung ihrer Macht in ganz Westeuropa . . .«

Deutsche National-Zeitung, 30. Juni 1972

». . . Seit zweieinhalb Jahren hat sich dieser ›innerdeutsche‹ Minister in seiner Westberliner Dienststelle, dem Bundeshaus, nicht sehen lassen. Jetzt geht er sogar daran, die Präsenz des Bundes in Berlin zu demontieren und wichtige Referate nach Bonn zu verlegen. Und das ohne jeden Zwang und sogar im Gegensatz zum Berlin-Abkommen, in dem die Beibehaltung der vorhandenen Bundesbehörden festgelegt ist. Das Maß sollte damit eigentlich voll sein. Aber es ist nicht damit zu rechnen, daß die SPD ihren ergebenen Parteiarbeiter Franke als Minister fallenläßt. So wird es Aufgabe einer wachsamen Öffentlichkeit bleiben, dem umstrittenen Staatsfunktionär weiterhin genau auf die Finger zu sehen . . .«

Bayernkurier, 1. Juli 1972

». . . Die Zeitungsberichte über die Verlegung von Berliner Dienststellen der Bundesregierung nach Bonn wirkten daher auf die Berliner, und besonders auf die demokratisch gesinnten Arbeiter, wie ein rotes Tuch . . . Die Unsicherheit in der Bevölkerung hat einen Grad erreicht, der in seltsamem Gegensatz zu dem steht, was man allgemein in der Presse über die angeblichen Vorteile der Berlin-Regelungen auf alliierter und deutscher Seite lesen kann . . .«

Bisher erschienen in der Reihe **pocket**

Dieter Wellershoff **Literatur und Veränderung.** Versuche zu einer Metakritik der Literatur

Wolfgang Bauer **Magic Afternoon, Change, Party for Six**

Saul Bellow **Mann in der Schwebe.** Roman

Heinrich Böll **Hausfriedensbruch.** 2 Stücke

Rolf Ulrich Kaiser **Underground? Pop? Nein! Gegenkultur!**
Modelle neuer Gesellschaft

Nathalie Sarraute **Zwischen Leben und Tod.** Roman

Günter Wallraff **13 unerwünschte Reportagen**

Sebastian Wolff **Der Abstand.** Roman

Joseph Roth **Der Neue Tag.** Unbekannte, politische Arbeiten 1919–1927 Wien, Berlin, Moskau. Herausgegeben und mit einem Vorwort von Ingeborg Sültemeyer

Claude Lévi-Strauss **Traurige Tropen.** Indianer in Brasilien

Roland Topor **Die Masochisten**
102 Zeichnungen mit einem Vorwort von Hannes Jähn

Robert Walser **Basta.** Prosastücke aus dem Stehkragenproletariat. Ausgewählt und mit einem einleitenden Essay herausgegeben von Hans G Helms

Max Bense **Artistik und Engagement.** Präsentationen ästhetischer Objekte

14 Caroline Muhr **Depressionen.** Tagebuch einer Krankheit

15 Dieter Wellershoff **Das Schreien der Katze im Sack.** Hörspiele un Stereostücke

16 **102 Gravuren zu Justine oder Die Mißgeschicke der Tugend und Juliett oder Das Wohlergehen des Lasters von Donatien-Alphonse-Franco Marquis de Sade.** Mit einem Vorwort von Hannes Jähn

17 **Berliner Kinderläden.** Antiautoritäre Erziehung im sozialistische Kampf. Herausgegeben von einem Autorenkollektiv

18 Rainer Kippe/Lothar Gothe **Ausschuß.** Protokolle und Berichte aus de Arbeit mit entflohenen Fürsorgezöglingen

19 Fernando Arrabal **Der Architekt und der Kaiser von Assyrien.** Vi Stücke

20 Siegfried J. Schmidt **Ästhetische Prozesse**

21 Andy Warhol **Blue Movie**

22 **Das schwedische Modell der Ausbeutung.** Herausgegeben von Vict Pfaff und Mona Wikhäll

23 **wdr-Hörspielbuch 9**

24 William S. Burroughs **Die letzten Worte von Dutch Schultz**

25 Hans-Ulrich Wehler **Geschichte und Psychoanalyse**

26 Max Bense **Die Realität der Literatur**

27 Kommune 2 **Versuch der Revolutionierung des bürgerlichen Indiv duums.** Kollektives Leben mit politischer Arbeit verbinden!

28 Tankred Dorst **Sand.** Ein Szenarium

30 Wolinski **Ich denke nur an das Eine**

31 Ludwig Turek **Ein Prolet erzählt.** Lebensschilderung eines deutschen Arbeiters

32 Liselotte und O. M. Ungers **Kommunen in der Neuen Welt. 1740–1972**

33 Berl Kutschinsky **Pornographie und Sexualverbrechen.** Das Beispiel Dänemark

34 Günter Wallraff **Neue Reportagen, Untersuchungen, Lehrbeispiele**

35 Prodosh Aich/Otker Bujard **Soziale Arbeit: Beispiel Obdachlose.** Eine kritische Analyse

36 **Freies Geleit für Ulrike Meinhof.** Ein Artikel und seine Folgen. Zusammengestellt von Frank Grützbach

Günter Wallraff

Neue Reportagen, Untersuchungen und Lehrbeispiele

Hans Marchwitza

Sturm auf Essen

DAS SCHWEDISCHE MODELL DER AUSBEUTUNG

Texte zum Arbeiterleben und zur Klassenstruktur im Wohlfahrtsstaat von Sara Lidman, Jan Myrdal, H. Henschen, G. Ohrlander, O. Tjernberg, Kajsa Ohrlander, Folke Fridell

Herausgegeben von Victor Pfaff u. Mona Wikhäll. Vorwort: Günter Wallraff

Heinrich Böll: Freies Geleit für Ulrike Meinhof

Kein innenpolitisches Ereignis hat in den letzten Wochen die Öffentlichkeit mehr beschäftigt als die Diskussion über den Artikel von Heinrich Böll

»Will Ulrike Gnade oder freies Geleit«

im »Spiegel« vom 10. 1. 1972, der sich mit der Kampagne der »Bild«-Zeitung gegen die Baader-Meinhof-Gruppe auseinandersetzte.

Hier ist unerwartet ein »politisches Ereignis« entstanden, das die verdeckten Spannungen, Vorurteile, Fronten in der Bundesrepublik in plötzlicher Deutlichkeit sichtbar macht. Böll ist in diesem Vorgang nur der Katalysator, die Reaktionen auf seinen Artikel gehen weit über ihn hinaus. Die Dokumentation bringt deshalb nicht nur Antwort und Gegenantwort der Kontrahen-ten, sondern belegt auch die Situ-tion, in der Böll diese Resonan auslösen konnte.

Helmut Gollwitzer, Hans G Helm Otto Köhler kommentieren die Dok-mentation. Ihre Absicht formulie das Zitat von Helmut Gollwitze »Die Öffentlichkeit soll vor Hyster und Lynchjustiz gewarnt und zu Verstehen des ganzen Phänomen (der Baader-Meinhof-Gruppe) a geleitet werden, und die Presse i besonderen soll an diese Aufgab erinnert werden. Was die Pres vielfach getan hat, gerade in d Reaktion auf Bölls Artikel, war da Gegenteil davon.« Das gefährlich Unmaß der Pressereaktion und se ne Hintergründe kritisch überprü bar zu machen, ist der Sinn dies Publikation.

Ein Artikel und seine Folgen